La vida de Rubén Darío
escrita por él mismo

Rubén Darío

La vida de Rubén Darío escrita por él mismo

El arte de la escritura

Edita: Editorial Doble J, S.L.
C/ Concepción, 9-3
41003 Sevilla
Teléfono / fax: (0034) 954 41 53 68
www.culturamoderna.com
editorialdoblej@editorialdoblej.com
Depósito legal: SE-1628-2007 Unión Europea
ISBN: 978-84-935264-7-4
Printed by Publidisa

Índice

La vida de Rubén Darío escrita
por él mismo 1

> Tutti gli nomini d'ogni sorte, che hanno fatto qualque cosa che sia virtuosa, o si veramente che lo virtu somigli, dovrebbero, essendo veritieri e da bene, di lor propria mano descrivere la lora vita: ma non si dovrebbe cominciare una tal bella impresa prima que passato l'etá de quarant'anni.
>
> (*La vita de Benvenuto de Mo. Cellini. Florentino.*)

I

Tengo más años, desde hace cuatro, que los que exige Benvenuto para la empresa. Así doy comienzo a estos apuntamientos que más tarde han de desenvolverse mayor y más detalladamente.

En la catedral de León, de Nicaragua, en la América Central, se encuentra la fe de bautismo de Félix Rubén, hijo legítimo de Manuel García y Rosa Sarmiento. En realidad, mi nombre debía ser Félix Rubén García Sarmiento. ¿Cómo llegó a usarse en mi familia el apellido Darío? Según lo que algunos ancianos de aquella ciudad de mi infancia me han referido, un mi tatarabuelo tenía por nombre Darío. En la pequeña población conocíale todo el mundo por Don Darío; a sus hijos e hijas por los Daríos, las Daríos. Fue así desapareciendo el primer apellido, a punto de que mi bisabuela paterna firmaba ya Rita Darío; y ello convertido en patronímico llegó a adquirir valor legal, pues mi padre, que era comerciante, realizó todos sus negocios ya con el nombre de Manuel Darío; y en la catedral a que me he referido, en los cuadros donados por mi tía Doña Rita Darío de Alvarado, se ve escrito su nombre de tal manera.

El matrimonio de Manuel García -diré mejor de Manuel Darío- y Rosa Sarmiento, fue un matrimonio de conveniencia, hecho por la familia. Así no es de extrañar que a los ocho meses más o menos de esa unión forzada y sin efecto, viniese la separación. Un mes después nacía yo en un pueblecito, o más bien aldea, de la provincia, o como allá se dice, departamento, de la Nueva Segovia, llamado antaño Chocoyos y hoy Metapa.

II

Mi primer recuerdo -debo haber sido a la sazón muy niño, pues se me cargaba a horcajadas, en los cadriles, como se usa por aquellas tierras- es el de un país montañoso: un villorrio llamado San Marcos de Colón, en tierras de Honduras, por la frontera nicaragüense; una señora delgada, de vivos y brillantes ojos negros -¿negros?... no lo puedo afirmar seguramente..., mas así lo veo ahora en mi vago y como ensoñado recuerdo- blanca, de tupidos cabellos obscuros, alerta, risueña, bella. Esa era mi madre. La acompañaba una criada india, y le enviaba de su quinta legumbres y frutas, un viejo compadre gordo, que era nombrado «el compadre Guillén». La casa era primitiva, pobre, sin ladrillos, en pleno campo. Un día yo me perdí. Se me buscó por todas partes; hasta el compadre Guillén montó en su mula. Se me encontró, por fin, lejos de la casa, tras unos matorrales, debajo de las ubres de una vaca, entre mucho ganado que mascaba el jugo del yogol, fruto mucilaginoso y pegajoso que da una palmera y del cual se saca aceite en molinos de piedra como los de España. Dan a las vacas el fruto, cuyo hueso dejan limpio y seco, y así producen leche que se distingue por su exquisito sabor. Se me sacó de mi bucólico refugio, se me dio unas cuantas nalgadas y aquí mi recuerdo de esa edad desaparece, como una vista de cinematógrafo.

Mi segundo recuerdo de edad verdaderamente infantil es el de unos fuegos artificiales, en la plaza de la iglesia del Calvario, en León. Me cargaba en sus brazos una fiel y excelente mulata, la Serapia. Yo estaba ya en poder de mi tía abuela materna, doña Bernarda Sarmiento de Ramírez, cuyo marido había ido a buscarme a Honduras. Era él un militar bravo y patriota, de los unionistas de Centro-América, con el famoso caudillo general Máximo Jerez, y de quien habla en sus *Memorias* el filibustero yanqui William Walker. Le recuerdo: hombre alto, buen jinete, algo moreno, de barbas muy negras. Le llamaban «el bocón», seguramente por su gran boca. Por él aprendí pocos años más tarde a andar a caballo, conocí el hielo, los cuentos pintados para niños, las manzanas de California y el champaña de Francia. Dios le haya dado un buen sitio en alguno de sus paraísos. Yo me criaba como hijo del coronel Ramírez y de su esposa doña Bernarda. Cuando tuve uso de razón, no sabía otra cosa. La imagen de mi madre se había borrado por completo de mi memoria. En mis libros de primeras letras, alguno de los cuales he podido encontrar en mi último viaje a Nicaragua, se leía la conocida inscripción:

> Si este libro se perdiese,
> Como suele suceder,
> Suplico al que me lo hallase
> Me lo sepa devolver.
> Y si no sabe mi nombre
> aquí se lo voy a poner:
> Félix Rubén Ramírez

El coronel se llamaba Félix, y me dieron su nombre en el bautismo. Fue mi padrino el citado general Jerez, célebre como hombre político y militar, que murió de ministro en Washington, y cuya estatua se encuentra en el parque de León.

Fui algo niño prodigio. A los tres años sabía leer, según se me ha contado. El coronel Ramírez murió y mi educación quedó únicamente a cargo de mi tía abuela. Fue mermando el bienestar de la viuda y llegó la escasez, si no la pobreza. La casa era una vieja construcción, a la manera colonial; cuartos seguidos, un largo corredor, un patio con su pozo, árboles. Rememoro un gran «jícaro», bajo cuyas ramas leía; y un granado, que aún existe; y otro árbol que da unas flores de un perfume que yo llamaría oriental si no fuese de aquel pródigo trópico y que se llaman «mapolas».

La casa era para mí temerosa por las noches. Anidaban lechuzas en los aleros. Me contaban cuentos de ánimas en pena y aparecidos, los dos únicos sirvientes: la Serapia y el indio Goyo. Vivía aún la madre de mi tía abuela, una anciana, toda blanca por los años, y atacada de un temblor continuo. Ella también me infundía miedos, me hablaba de un fraile sin cabeza, de una mano peluda, que perseguía, como una araña... Se me mostraba, no lejos de mi casa, la ventana por donde, a la Juana Catina, mujer muy pecadora y loca de su cuerpo, se la habían llevado los demonios. Una noche, la mujer gritó desusadamente; los vecinos se asomaron atemorizados, y alcanzaron a ver a la Juana Catina, por el aire, llevada por los diablos, que hacían un gran ruido, y dejaban un hedor a azufre.

Oía contar la aparición del difunto obispo García, al obispo Viteri. Se trataba de un documento perdido en un ya antiguo proceso de la curia. Una noche, el obispo Viteri hizo despertar a sus pajes, se dirigió a la catedral, hizo abrir la sala del capítulo, se encerró en ella, dejó fuera a sus familiares, pero estos vieron, por el ojo de la llave, que su ilustrísima estaba en conversación con su finado antecesor. Cuando salió, «mandó tocar vacante»; todos creían en la ciudad, que hubiese fallecido. La sorpresa que hubo al otro día fue que el documento perdido se había encontrado. Y así se me nutría el espíritu, con otras cuantas tradiciones y consejas y sucedidos semejantes. De allí mi horror a las tinieblas nocturnas, y el tormento de ciertas pesadillas inenarrables.

Quedaba mi casa cerca de la iglesia de San Francisco, donde había existido un antiguo convento. Allí iba mi tía abuela a misa primera, cuando apenas aparecía el primer resplandor del alba, al canto de los gallos. Cuando en el barrio había un moribundo, tocaban en las campanas de esa iglesia el pausado toque de agonía, que llenaba mi pueril alma de terrores.

Los domingos llegaban a casa a jugar el fusilico viejos amigos, entre ellos un platero y un cura. Pasaba el tiempo. Yo crecía. Por las noches había tertulia, en la puerta de la calle, una calle mal empedrada de redondos y puntiagudos cantos. Llegaban hombres de política y se hablaba de revoluciones. La señora me acariciaba en su regazo. La conversación y la noche cerraban mis párpados. Pasaba el «vendedor de arena»... Me iba deslizando. Quedaba dormido sobre el ruedo de la maternal falda, como un gozquejo. En esa época aparecieron en mí fenómenos posiblemente congestivos. Cuando se me había llevado a la cama, despertaba y volvía a dormirme. Alrededor del lecho mil círculos coloreados y concéntricos, caleidoscópicos, enlazados y con movimientos centrífugos y centrípetos, como los que forman la linterna mágica, creaban una visión extraña y para mí dolorosa. El central punto rojo se hundía, hasta incalculables hípnicas distancias, y volvía a acercarse; y su ir y venir era para mí como un martirio inexplicable. Hasta que, de repente, desaparecía la decoración de colores, se hundía el punto rojo y se apagaba, al ruido de una seca y para mí saludable explosión. Sentía una gran calma, un gran alivio; el sueño seguía, tranquilo. Por las mañanas mi almohada estaba llena de sangre, de una copiosa hemorragia nasal.

III

Se me hacía ir a una escuela pública. Aún vive el buen maestro, que era entonces bastante joven, con fama de poeta, el licenciado Felipe Ibarra. Usaba, naturalmente, conforme con la pedagogía singular de entonces, la palmeta, y en casos especiales, la flagelación en las desnudas posaderas. Allí se enseñaba la cartilla, el Catón cristiano, las «cuatro reglas», otras primarias nociones. Después tuve otro maestro, que me inculcaba vagas nociones de aritmética, geografía, cosas de gramática, religión. Pero quien primeramente me enseñó el alfabeto, mi primer maestro, fue una mujer, doña Jacoba Tellería, quien estimulaba mi aplicación con sabrosos pestiños, bizcotelas y alfajores que ella misma hacía, con muy buen gusto de golosinas y con manos de monja. La maestra no me castigó sino una vez, en que me encontrara, ¡a esa edad, Dios mío! en compañía de una precoz chicuela, iniciando, indoctos e imposibles Dafnis y Cloe, y según el verso de Góngora, «las bellaquerías, detrás de la puerta».

IV

En un viejo armario encontré los primeros libros que leyera. Eran un *Quijote*, las obras de Moratín, *Las Mil y una noches*, la Biblia, los *Oficios* de Cicerón, la *Corina* de Madame Stäel, un tomo de comedias clásicas españolas, y una novela terrorífica, de ya no recuerdo que autor, *La Caverna de Strozzi*. Extraña y ardua mezcla de cosas para la cabeza de un niño.

V

¿A qué edad escribí los primeros versos? No lo recuerdo precisamente, pero ello fue harto temprano. Por la puerta de mi casa -en las Cuatro Esquinas- pasaban las procesiones de la Semana Santa, una Semana Santa famosa: «Semana Santa en León y Corpus en Guatemala»; -y las calles se adornaban con arcos de ramas verdes, palmas de cocotero, flores de corozo, matas de plátanos o bananos, disecadas aves de colores, papel de China picado con mucha labor; y sobre el suelo se dibujaban alfombras que se coloreaban expresamente, con aserrín de rojo brasil o cedro, o amarillo «mora»; con trigo reventado, con hojas, con flores, con desgranada flor de «coyol». Del centro de uno de los arcos, en la esquina de mi casa, pendía una granada dorada. Cuando pasaba la procesión del Señor del Triunfo, el domingo de Ramos, la granada se abría y caía una lluvia de versos. Yo era el autor de ellos. No he podido recordar ninguno... pero sí sé que eran versos, versos brotados instintivamente. Yo nunca aprendí a hacer versos. Ello fue en mi orgánico, natural, nacido. Acontecía que se usaba entonces -y creo que aun persiste- la costumbre de imprimir y repartir, en los entierros, «epitafios», en que los deudos lamentaban los fallecimientos, en verso por lo general. Los que sabían mi rítmico don, llegaban a encargarme pusiese su duelo en estrofas.

A todo esto, el recuerdo de mi madre había desaparecido. Mi madre era aquella señora que me había acogido. Mi «padre» había muerto, el coronel Ramírez. A tal sazón llegó a vivir con nosotros y a criarse junto conmigo, una lejana prima, rubia, bastante bella, de quien he hablado en mi cuento *Palomas blancas y garzas morenas*. Ella fue quien despertara en mí los primeros deseos sensuales. Por cierto que, muchos años después, madre y posiblemente abuela, me hizo cargos: «¿Por qué has dado a entender que llegamos a cosas de amor, si eso no es verdad?». -«¡Ay!, le contesté, ¡es cierto! Eso no es verdad, ¡y lo siento! ¿No hubiera sido mejor que fuera verdad y que ambos nos hubiéramos encontrado en el mejor de los despertamientos, en la más ardiente de las adolescencias y en las primaveras del más encendido de los trópicos?...».

Mi familia se componía entonces de mi tía doña Rita Darío de Alvarado, a quien su hermano Manuel García, esto es Manuel Darío, único que tenía en tal ocasión dinero, había hecho donación de sus bienes ¡ah, malhaya! para que se casase con el cónsul de Costa Rica; mi tía Josefa, vivaz, parlera, muy amante de la crinolina, medio tocada, quien una vez -el día de la muerte de su madre- apareció calzada con zapatos rojos, y a las observaciones y reproches que se le hicieron, contestó que, «Las perdices y las palomitas de Castilla...». ¡Cuando digo que era medio tocada! Mi tía Sara, casada con un norteamericano, muy hermosa, y cuya hija mayor ¡Oh Eros! un día, por sorpresa, en un aposento a donde yo entrara descuidado, me dio la ilusión de una Anadiómena... Y «mi tío Manuel». Porque don Manuel Darío figuraba como mi tío. Y mi verdadero padre, para mí, y tal como se me había enseñado, era el otro, el que me había criado desde los primeros años, el que había muerto, el coronel Ramírez. No sé por qué, siempre tuve un desapego, una vaga inquietud separadora, con mi «tío Manuel». La voz de la sangre... ¡qué plácida patraña romántica! La paternidad única es la costumbre del cariño y del cuidado. El que sufre, lucha y se desvela por un niño, aunque no lo haya engendrado, ese es su padre.

Mi tía Rita era la adinerada de la familia. Mi padre, que, como he dicho, pasaba como mi tío, vivía en casa de su hermana, la cual era propietaria de haciendas de ganado y de ingenios de caña de azúcar. La vida de mi tía Rita me ha dejado un recuerdo verdaderamente singular e imborrable. Esta señora, que era muy religiosa, casada con don Pedro Alvarado, cónsul de Costa Rica, tenía, como los antiguos reyes, dos bufones, enanos, arrugados, feos, velazquescos, hombre y mujer. Él se llamaba el capitán Vilches, y la mujer era su madre; pero eran iguales completamente, en tamaño, en fealdad, y me inspiraban miedo e inquietud. Hacían retratos de cera, monicacos deformes, y el «capitán», que decía ser también sacerdote, pronuncia sermones que hacían reír, pero que yo oía con gran malestar, como si fuesen cosas de brujos.

Los domingos se daban bailes de niños, y aunque mi primo Pedro, señor de la casa, era el más rico y un excelente pianista en tan corta edad, ya, con mi pobreza y todo, solía ganarme las mejores sonrisas de las muchachas, por el asunto de los versos. ¡Fidelina, Rafaela, Julia, Mercedes, Narcisa, María, Victoria, Gertrudis! recuerdos, recuerdos suaves.

A veces los tíos disponían viajes al campo, a la hacienda. Íbamos en pesadas carretas, tiradas por bueyes, cubiertas con toldo de cuero crudo. En el viaje se cantaban canciones. Y en amontonamiento inocente, íbamos a bañarnos al río de la hacienda, que estaba a poca distancia, todos, muchachos y muchachas, cubiertos con toscos camisones. Otras veces eran los viajes a la orilla del mar, en la costa de Poneloya, en donde estaba la fabulosa peña del Tigre. Íbamos en las mismas carretas de ruedas rechinantes, los hombres mayores a caballo; y al pasar un río, en pleno bosque, se hacía alto, se encendía fuego, se sacaban los pollos asados, los huevos duros, el aguardiente de caña y la bebida nacional, llamada «tiste», hecha de cacao y maíz; y se batía en jícaras con molinillo de madera. Los hombres se alegraban, cantaban al son de la guitarra y disparaban los tiros al aire y daban los gritos usuales, estentóreos y alternativos, muy diferentes del chivateo araucano. Se llegaba al punto terminal y se vivía por algunos días bajo enramadas hechas con hojas, juncos y cañas verdes, para resguardarse del tórrido sol. Iban las mujeres por un lado, los hombres por el otro, a bañarse en el mar, y era corriente el encontrar de súbito, por un recodo, el espectáculo de cien Venus Anadiómenas en las ondas. Las familias se juntaban por las noches y se pasaba el tiempo bajo aquellos cielos profundos, llenos de estrellas prodigiosas, jugando juegos de prendas, corriendo tras los cangrejos, o persiguiendo a las grandes tortugas llamadas «paslamas», cuyos huevos se sacan cavando en los nidos que dejan en la arena.

Yo me apartaba frecuentemente de los regocijos, y me iba, solitario, con mi carácter ya triste y meditabundo desde entonces, a mirar cosas, en el cielo, en el mar. Una vez vi una escena horrible, que me quedó grabada en la memoria. Cerca de una yunta de bueyes, a orillas de un pantano, dos carreteros que se peleaban, echaron mano al machete, pesado y filoso, arma que sirve para partir la caña de azúcar y comenzaron a esgrimirlo; y de pronto vi algo que saltó por el aire. Eran, juntos, el machete y la mano de uno de ellos.

Por las tardes y las noches paseaban, a caballo o a pie vociferando, hombres borrachos. Los soldados, descalzos y vestidos de azul, se los llevaban presos. Cuando la luna iba menguando, retornaban las familias a la ciudad.

VI

Por influencia de mi tía Rita, comencé a frecuentar la casa de los Padres Jesuitas, en la iglesia de la Recolección. Debo decir que desde niño se me infundió una gran religiosidad, religiosidad que llegaba a veces hasta la superstición. Cuando tronaba la tormenta y se ponía el cielo negro, en aquellas tempestades únicas, como no he visto en parte alguna, sacaba mi tía abuela palmas benditas y hacía coronas para todos los de la casa; y todos coronados de palmas rezábamos en coro el trisagio y otras oraciones. Señaladas devociones eran para mí temerosas. Por ejemplo, al acercarse la fiesta de la Santa Cruz. Porque ¡oh, Dios de los dioses!, martirio como aquel, para mis pocos años, no os lo podéis imaginar. Llegado ese día, todos nos poníamos delante de las imágenes; y la buena abuela dirigía el rezo, un rezo que concluía, después de varias jaculatorias, con estas palabras:

> «Vete de aquí Satanás
> que en mí parte no tendrás
> porque el día de la Cruz
> dije mil veces: Jesús».

Pues el caso es que teníamos, en efecto, que decir mil veces la palabra Jesús, y aquello era inacabable. «¡Jesús!, ¡Jesús!, ¡Jesús!» hasta mil; y a veces se perdía la cuenta y había que volver a empezar.

Los jesuitas me halagaron; pero nunca me sugestionaron para entrar en la Compañía, seguramente, viendo que yo no tenía vocación para ello. Había entre ellos hombres eminentes, un padre Köenig, austriaco, famoso como astrónomo; un padre Arubla, bello e insinuante orador; un padre Valenzuela, célebre en Colombia como poeta y otros cuantos. Entré en lo que se llamaba la Congregación de Jesús, y usé en las ceremonias la cinta azul y la medalla de los congregantes. Por aquel entonces hubo un grave escándalo. Los jesuitas ponían en el altar mayor de la iglesia, en la fiesta de San Luis Gonzaga, un buzón, en el cual podían echar sus cartas todos los que quisieran pedir algo o tener correspondencia con San Luis y con la Virgen Santísima. Sacaban las cartas y las quemaban delante del público; pero se decía que no sin haberlas visto antes. Así eran dueños de muchos secretos de familia, y aumentaban su influjo por estas y otras razones. El gobierno decretó su expulsión, no sin que antes hubiese yo asistido con ellos a los ejercicios de San Ignacio de Loyola, ejercicios que me encantaban y que por mí hubieran podido prolongarse indefinidamente por las sabrosas vituallas y el exquisito chocolate que los reverendos nos daban.

VII

Florida estaba mi adolescencia. Ya tenía yo escritos muchos versos de amor y ya había sufrido, apasionado precoz, más de un dolor y una desilusión a causa de nuestra inevitable y divina enemiga: pero nunca había sentido una erótica llama igual a la que despertó en mis sentidos e imaginación de niño, una apenas púber saltimbanqui norteamericana, que daba saltos prodigiosos en un circo ambulante. No he olvidado su nombre, Hortensia Buislay.

Como no siempre conseguía lo necesario para penetrar en el circo, me hice amigo de los músicos y entraba a veces, ya con un gran rollo de papeles, ya con la caja de un violín; pero mi gloria mayor fue conocer el payaso, a quien hice repetidos ruegos para ser admitido en la farándula. Mi inutilidad fue reconocida. Así, pues, tuve que resignarme a ver partir a la tentadora, que me había presentado la más hermosa visión de inocente voluptuosidad en mis tiempos de fogosa primavera.

Ya iba a cumplir mis trece años y habían aparecido mis primeros versos en un diario titulado *El Termómetro*, que publicaba en la ciudad de Rivas, el historiador y hombre político José Dolores Gómez. No he olvidado la primera estrofa de estos versos de primerizo, rimados en ocasión de la muerte del padre de un amigo. Ellos serían ruborizantes si no los amparase la intención de la inocencia:

>«Murió tu padre es verdad,
>lo lloras, tienes razón,
>pero ten resignación
>que existe una eternidad
>do no hay penas...
>Y en un trozo de azucena
>moran los justos cantando...».

No, no continuaré. Otros versos míos se publicaron y se me llamó en mi república y en las cuatro de Centro América, «el poeta niño». Como era de razón, comencé a usar larga cabellera, a divagar más de lo preciso, a descuidar mis estudios de colegial, y en mi desastroso examen de matemáticas fui reprobado con innegable justicia.

Como se ve, era la iniciación de un nacido aeda. Y la alarma familiar entró en mi casa. Entonces, la excelente anciana protectora, quería que aprendiese a sastre, o a cualquier otro oficio práctico y útil, pero mis románticos éxitos con las mozas eran indiscutibles, lo cual me valía, por mi contextura endeble y mis escasas condiciones de agresividad, ser la víctima de fuertes zopencos rivales míos, que tenían brazos robustos y estaban exentos de iniciación apolínea.

VIII

Un día una vecina me llamó a su casa. Estaba allí una señora vestida de negro, que me abrazó y me besó llorando, sin decirme una sola palabra. La vecina me dijo: «Esta es tu verdadera madre, se llama Rosa, y ha venido a verte, desde muy lejos». No comprendí de pronto, como tampoco me di exacta cuenta de las mil palabras de ternura y consejos que me prodigara en la despedida, que oía de aquella dama para mí extraña. Me dejó unos dulces, unos regalitos. Fue para mí rara visión. Desapareció de nuevo. No debía volver a verla hasta más de veinte años después.

Algunas veces llegué a visitar a D. Manuel Darío, en su tienda de ropa. Era un hombre no muy alto de cuerpo, algo jovial, muy aficionado a los galanteos, gustador de cerveza negra de Inglaterra. Hablaba mucho de política y esto le ocasionó en cierto tiempo varios desvaríos. Desde luego, aunque se mantuvo cariñoso, no con extremada amabilidad, nada me daba a entender que fuese mi padre. La verdad es que no vine a saber sino mucho más tarde que yo era hijo suyo.

IX

Por ese tiempo, algo que ha dejado en mi espíritu una impresión indeleble, me aconteció. Fue mi primer pesadilla. La cuento, porque, hasta en estos mismos momentos, me impresiona. Estaba yo, en el sueño, leyendo cerca de una mesa, en la salita de la casa, alumbrada por una lámpara de petróleo. En la puerta de la calle, no lejos de mí, estaba la gente de la tertulia habitual. A mi derecha había una puerta que daba al dormitorio; la puerta estaba abierta y vi en el fondo obscuro que daba al interior, que comenzaba como a formarse un espectro; y con temor miré hacia este cuadrado de obscuridad y no vi nada; pero, como volviese a sentirme inquieto, miré de nuevo y vi que se destacaba en el fondo negro una figura blanquecina, como la de un cuerpo humano envuelto en lienzos; me llené de terror, porque vi aquella figura que, aunque no andaba, iba avanzando hacia donde yo me encontraba. Las visitas continuaban en su conversación y, a pesar de que pedí socorro, no me oyeron. Volví a gritar y siguieron indiferentes. Indefenso, al sentir la aproximación de «la cosa», quise huir y no pude, y aquella sepulcral materialización siguió acercándose a mí, paralizándome y dándome una impresión de horror inexpresable. Aquello no tenía cara y era, sin embargo, un cuerpo humano. Aquello no tenía brazos y yo sentía que me iba a estrechar. Aquello no tenía pies y ya estaba cerca de mí. Lo más espantoso fue que sentí inmediatamente el tremendo olor de la cadaverina, cuando me tocó algo como un brazo, que causaba en mí algo semejante a una conmoción eléctrica. De súbito, para defenderme, mordí «aquello» y sentí exactamente como si hubiera clavado mis dientes en un cirio de cera oleosa. Desperté, con sudores de angustia.

De la familia materna no conocía casi a nadie. Como mis padres eran primos, los parientes maternos llevaban también con el suyo el apellido Darío, así oía yo la historia novelesca de dos hermanos de mi madre, Antonio, llamado «el indio Darío», que por cierto era, según decires, un hombre guapo, rubio y de ojos azules y que murió asesinado cruelmente en una revolución en la ciudad de Granada, en donde, después de ultimarle, le ataron a la cola de un caballo y fue arrastrado por las calles; e Ignacio, muerto a traición de un escopetazo; unos dicen que por asuntos de amores y otros que por robarle, después de haber salido de una casa de juego. Había también dos primos de mi madre, que habitaban en el puerto de Corinto, y se dedicaban al negocio de exportación de maderas, especialmente de mora y de palo de campeche.

Cuántas veces me despertaron ansias desconocidas y misteriosos ensueños las fragatas y bergantines que se iban con las velas desplegadas por el golfo azul, con rumbo a la fabulosa Europa. En muchas ocasiones fui al puerto, en pequeñas barcas, por los esteros y manglares, poblados de grandes almejas y cangrejos, y me iba a admirar al cónsul inglés, Miller, que perseguía a balazos con su winchester a los tiburones.

X

Se publicaba en León un periódico político titulado *La Verdad*. Se me llamó a la redacción -tenía a la sazón cerca de catorce años- se me hizo escribir artículos de combate que yo redactaba a la manera de un escritor ecuatoriano, famoso, violento, castizo e ilustre, llamado Juan Montalvo, que ha dejado excelentes volúmenes de tratados, conminaciones y catilinarias. Como el periódico *La Verdad* era de la oposición, mis estilados denuestos iban contra el gobierno y el gobierno se escamó. Se me acusaba como vago, y me libré de las oficiales iras porque un doctor pedagogo, liberal y de buen querer, declaró que no podía ser vago quien como yo era profesor en el colegio que él dirigía. En efecto: desde hacía algún tiempo, enseñaba yo gramática en tal establecimiento.

Cayó en mis manos un libro de masonería, y me dio por ser masón, y llegaron a serme familiares Hiram, el Templo, los caballeros Kadosh, el mandil, la escuadra, el compás, las baterías y todo la endiablada y simbólica liturgia de esos terribles ingenuos.

Con esto adquirí cierto prestigio entre mis jóvenes amigos. En cuanto a mi imaginación y mi sentido poético, se encantaban en casa con la visión de las turgentes formas de mi prima, que aún usaba traje corto; con la cigarrera Manuela, que manipulando sus tabacos me contaba los cuentos del príncipe Kamaralzaman y de la princesa Badura, del Caballo Volante, de los genios orientales, de las invenciones maravillosas de las *Mil y Una Noches*.

Brillaba el fuego de los tizones en la cocina, se oía el ruido de las salvas que sirven para desgranar las mazorcas de maíz. Un perro, «Laberinto», estaba a mi lado con el hocico entre las patas. Vageaba en el silencio la cálida noche. Yo escuchaba atento las lindas fábulas.

Mas la vida pasaba. La pubertad transformaba mi cuerpo y mi espíritu. Se acentuaban mis melancolías sin justas causas. Ciertamente yo sentía como una invisible mano que me empujaba a lo desconocido. Se despertaron los vibrantes, divinos e irresistibles deseos. Brotó en mí el amor triunfante y fui un muchacho con ojeras, con sueños y que se iba a confesar todos los sábados.

Por este tiempo llegaron a León unos hombres políticos, senadores, diputados, que sabían de la fama del *poeta niño*. Me conocieron. Me hicieron recitar versos. Me dijeron que era preciso que fuera a la capital. La mamá Bernarda me echó la bendición, y me partí para Managua.

Managua, creada capital para evitar los celos entre León y Granada, es una linda ciudad situada entre sierras fértiles y pintorescas, en donde se cultiva profusamente el café; y el lago, poblado de islas y en uno de cuyos extremos se levanta el volcán de Momotombo, inmortalizado líricamente por Víctor Hugo, en la *Leyenda de los siglos*.

Mi renombre departamental se generalizó muy pronto, y al poco tiempo yo era señalado como un ser raro. Demás decir, que era buscado para la incontenible manía de versos para álbumes y abanicos.

A la sazón estaba reunido el Congreso.

Era presidente de él un anciano granadino, calvo, conservador, rico y religioso, llamado don Pedro Joaquín Chamorro. Yo estaba protegido por miembros del Congreso pertenecientes al partido liberal, y es claro que en mis poesías y versos ardía el más violento, desenfadado y crudo liberalismo. Entre otras cosas se publicó cierto malhadado soneto que acababa así, si la memoria me es fiel:

> «El Papa rompe con furor su tiara
> sobre el trono del regio Vaticano».

Presentaron los diputados amigos una moción al Congreso para que yo fuese enviado a Europa a educarme por cuenta de la nación. El decreto, con algunas enmiendas, fue sometido a la aprobación del presidente. En esos días se dio una fiesta en el palacio presidencial, a la cual fui invitado, como un número curioso, para alegrar con mis versos los oídos de los asistentes. Llegó y, tras las músicas de la banda militar, se me pide que recite. Extraje de mi bolsillo una larga serie de décimas, todas ellas rojas de radicalismo antirreligioso, detonantes, posiblemente ateas, y que causaron un efecto de todos los diablos. Al concluir, entre escasos aplausos de mis amigos, oí los murmullos de los graves senadores, y vi moverse desoladamente la cabeza del presidente Chamorro. Este me llamó, y, poniéndome la mano en un hombro, me dijo, más o menos: -«Hijo mío, si así escribes ahora contra la religión de tus padres y de tu patria, ¿qué será si te vas a Europa a aprender cosas peores?». Y así la disposición del Congreso no fue cumplida. El presidente dispuso que se me enviase al Colegio de Granada; pero yo era de León. Existía una antigua rivalidad entre ambas ciudades, desde tiempo de la Colonia. Se me aconsejó que no aceptase tal cosa, pues ello era opuesto a lo resuelto por los congresales, y porque ello humillaba a mi vecindario leonés; y decididamente renuncié el favor.

En Managua conocí a un historiador ilustre de Guatemala, el doctor Lorenzo Montúfar, quien me cobró mucho cariño; al célebre orador cubano Antonio Zambrana, que fue para mí intelectualmente paternal, y al doctor José Leonard y Bertholet, que fue después mi profesor en el Instituto leonés de Occidente y que tuvo una vida novelesca y curiosa. Era polaco de origen; había sido ayudante del general Kruck en la última insurrección, había pasado a Alemania, a Francia, a España. En Madrid aprendió maravillosamente el español, se mezcló en política, fue íntimo de los prohombres de la república y de hombres de letras, escritores y poetas, entre ellos don Ventura Ruiz de Aguilera, que habla de él en uno de sus libros, y don Antonio de Trueba. Llegó a tal la simpatía que tuvieron por él sus amigos españoles, que logró ser Leonard hasta redactor de la *Gaceta de Madrid*.

Así, pues, mis frecuentaciones en la capital de mi patria eran con gente de intelecto, de saber y de experiencia y por ellos conseguí que se me diese un empleo en la Biblioteca Nacional. Allí pasé largos meses leyendo todo lo posible y entre todas las cosas que leí «¡horrendo referens!» fueron todas las introducciones de la Biblioteca de Autores Españoles de Rivadeneira, y las principales obras de casi todos los clásicos de nuestra lengua. De allí viene que, cosa que sorprendiera a muchos de los que conscientemente me han atacado, el que yo sea en verdad un buen conocedor de letras castizas, como cualquiera puede verlo en mis primeras producciones publicadas, en un tomo de poesías, hoy inencontrable, que se titula *Primeras Notas*, como ya lo hizo notar don Juan Valera, cuando escribió sobre el libro *Azul*. Ha sido deliberadamente que después, con el deseo de rejuvenecer, flexibilizar el idioma, he empleado maneras y construcciones de otras lenguas, giros y vocablos exóticos y no puramente españoles.

Era director de la Biblioteca Nacional un viejo poeta llamado Antonio Aragón, que había sido en Guatemala íntimo amigo de un gran poeta español, hoy bastante desconocido, pero a quien debieron mucho los poetas hispano-americanos en el tiempo en que recorrió este continente. Me refiero a Don Fernando Velarde, originario de Santander, a quien ha hecho felizmente justicia en uno de sus libros el grande y memorable don Marcelino Menéndez y Pelayo. Don Antonio Aragón era un varón excelente, nutrido de letras universales, sobre todo de clásicos y griegos y latinos. Me enseñó mucho y él fue el que me contó algo que figura en las famosas Memorias de Garibaldi. Garibaldi estuvo en Nicaragua. No puedo precisar en qué fecha, pues no tengo a la vista un libro publicado por Dumas, y don Antonino le conoció mucho. Estableció la primera fábrica de velas que haya habido en el país. Habitó en León en la casa de don Rafael Salinas. Se dedicaba a la caza. Muy frecuentemente salía con su fusil y se internaba por los montes cercanos a la ciudad y volvía casi siempre con un venado al hombro y una red llena de pavos monteses, conejos y otras alimañas. Un día alguien le reprendió porque al pasar el viático, y estando en la puerta de la casa, no se quitó el sombrero, y él dijo estas frases que me repitiera don Antonino muchas veces: «¿Cree usted que Dios va a venir a envolverse en harina para que le metan en un saco de m...?».

XI

Vivía yo en casa del licenciado Modesto Barrios, y este licenciado gentil me llevaba a visitas y tertulias. Una noche oí cantar a una niña.

Era una adolescente de ojos verdes, de cabello castaño, de tez levemente acanelada, con esa suave palidez que tienen las mujeres de Oriente y de los trópicos. Un cuerpo flexible y delicadamente voluptuoso, que traía al andar ilusiones de canéfora. Era alegre, risueña, llena de frescura y deliciosamente parlera, y cantaba con una voz encantadora. Me enamoré desde luego; fue «el rayo» como dicen los franceses. Nos amamos. Jamás escribiera tantos versos de amor como entonces. Versos unos que no recuerdo y otros que aparecieron en periódicos y que se encuentran en algunos de mis libros. Todo aquel que haya amado en su aurora sabe de esas íntimas delicias que no pueden decirse completamente con palabras, aunque sea Hugo el que las diga. Esas exquisitas cosas de los amores primeros que nos perfuman la vida, dulce, inefable y misteriosamente. Iba a comer algunas veces en la casa de esta niña, en compañía de escritores y hombres públicos. En la comida se hablaba de letras, de arte, de impresiones varias; pero, naturalmente, yo me pasaba las horas mirando los ojos de la exquisita muchacha, que era mi verdadera musa en esos días dichosos. Una fatal timidez, que todavía me dura, hizo que yo no fuese al comienzo completamente explícito con ella, en mis deseos, en mi modo de ser, en mis expresiones. Pasaban deliciosas escenas de una castidad casi legendaria, en que un roce de mano era la mayor de las conquistas. Pero para el que haya experimentado tales cosas, todo ello es hechicero, justo, precioso. Nos poníamos, por ejemplo, a mirar una estrella, por la tarde, una grande estrella de oro en unos crepúsculos azules o sonrosados, cerca del lago y nuestro silencio estaba lleno de maravillas y de inocencia. El beso llegó a su tiempo y luego llegaron a su tiempo los besos. ¡Cuán divino y criollo *Cantar de los cantares*! Allí comprendí por primera vez en su profundidad: *Mel et lac sub lingua tua*. Hay que saber lo que son aquellas tardes de las amorosas tierras cálidas. Están llenas como de una dulce angustia. Se diría a veces que no hay aire. Las flores y los árboles se estilizan en la inmovilidad. La pereza y la sensualidad se unen en la vaguedad de los deseos. Suena el lejano arrullo de una paloma. Una mariposa azul va por el jardín. Los viejos duermen en la hamaca. Entonces, en la hora tibia, dos manos se juntan, dos cabezas se van acercando, se hablan con voz queda, se compenetran mutuas voliciones; no se quiere pensar, no se quiere saber si se existe, y una voluptuosidad miliunanochesca perfuma de esencias tropicales el triunfo de la atracción y del instinto.

Aconteció que un amigo mío estaba moribundo, y como es por allí costumbre, las familias amigas iban a velar al enfermo. Iba así la joven que yo amaba, y alguien me insinuó que ella había tenido amores con el doliente. No recuerdo haber sentido nunca celos tan purpúreos y trágicos, delante del hombre pálido que estaba yéndose de la vida y a quien mi amada, daba a veces las medicinas. Juro que nunca, durante toda mi existencia, a no ser en instantes de violencia o provocada ira, he deseado mal o daño a nadie; pero en aquellos momentos se diría que casi ponía oídos deseosos, para escuchar si sonaba cerca de la cabecera el ruido de la hoz de la muerte. Esto lo he dicho concentradamente en unos cortos versos de mi hoy raro libro publicado en Chile, *Abrojos*. Amor sensual, amor de tierra caliente, amor de primera juventud, amor de poeta y de hiperestésico, de imaginativo. Pero es el caso que había en él una estupenda castidad de actos. Todo se iba en ver las garzas del lago, los pájaros de las islas, las nocturnas constelaciones, y en medias palabras y en profundas miradas y en deseos contenidos y en esa profusión de cosas iniciales que constituyen el silabario que todos sabéis deletrear.

Un día dije a mis amigos: -«Me caso». La carcajada fue homérica. Tenía apenas catorce años cumplidos. Como mis buenos queredores viesen una resolución definitiva en mi voluntad, me juntaron unos cuantos pesos, me arreglaron un baúl y me condujeron al puerto de Corinto, donde estaba anclado un vapor que me llevó en seguida a la república de El Salvador.

XII

Gobernaba este país entonces el doctor Rafael Zaldívar, hombre culto, hábil, tiránico para unos, bienhechor para otros, y a quien, habiendo sido mi benefactor y no siendo yo juez de historia, en este mundo, no debo sino alabanzas y agradecimientos. Llegar yo al puerto de La Libertad y poner un telegrama a su excelencia, todo fue uno. Inmediatamente recibí una contestación halagadora del presidente, que se encontraba en una hacienda, en el cual telegrama era muy gentil conmigo y me anunciaba una audiencia en la capital. Llegué a la capital. Al cochero que me preguntó a qué hotel iba, le contesté sencillamente: «Al mejor». El mejor, de cuyo nombre no puedo acordarme aunque quiero, lo tenía un barítono italiano, de apellido Petrilli, y era famoso por sus macarroni y su moscato espumante y las bellas artistas que llegaban a cantar ópera y a recoger el pañuelo de un galante, generoso infatigable sultán presidencial. A los pocos días recibí aviso de que el presidente me esperaba en la casa de gobierno. Mozo flaco y de larga cabellera, pretérita indumentaria y exhaustos bolsillos, me presenté ante el gobernante. Pasé entre los guardias y me encontré tímido y apocado delante del jefe de la República, que recibía, de espaldas a la luz, para poder examinar bien a sus visitantes. Mi temor era grande y no encontraba palabras que decir. El presidente fue gentilísimo y me habló de mis versos y me ofreció su protección; mas cuando me preguntó qué era lo que yo deseaba, contesté, ¡oh, inefable Jerome Paturot!, con estas exactas e inolvidables palabras que hicieron sonreír al varón de poder: -«Quiero tener una buena posición social». ¿Qué entendería yo por tener una posición social? Lo sospecho. El doctor Zaldívar, siempre sonriendo, me contestó bondadosamente: -«Eso depende de usted...». Me despedí. Cuando llegué al hotel, al poco rato, me dijeron que el director de policía deseaba verme. Noté en él y en el dueño del hotel un desusado cariño. Se me entregaron quinientos pesos plata, obsequio del presidente. ¡Quinientos pesos plata! Macarroni, moscato espumante, artistas bellas... Era aquello, en la imaginación del ardiente muchacho flaco y de cabellos largos, ensoñador y lleno de deseos, un buen comienzo para tener una buena posición social...

Al día siguiente por la mañana estaba yo rodeado de improbables poetas adolescentes escritores en ciernes y aficionados a las musas. Ejercía de nabab. Los invité a almorzar. Macarroni, moscato espumante. El esplendor continuó hasta la tarde y llegó la noche.

¿Qué pícaro Belcebú hizo en las altas horas, que me levantase y fuese a tocar la puerta de la bella diva que recibía altos favores y que habitaba en el mismo hotel que yo? Nocturno efecto sensacional, desvarío y locura. Al día siguiente estaba yo todo mohíno y lleno de remordimientos. La cara del hostelero me indicaba cosas graves, y aunque yo hablara de mi amistad presidencial, es el caso que mis méritos estaban en baja. A los pocos días, los quinientos pesos se habían esfumado y recibí la visita del mismo director de Policía que me los había traído. Dije yo: -«Viene con otros quinientos pesos». -«Joven -me dijo con un aire serio y conminatorio- aliste sus maletas y de orden del señor presidente, sígame». Le seguí como un corderito.

Me llevó a un colegio que dirigía cierto célebre escritor, el doctor Reyes. Oí que el terrible funcionario decía al director: «Que no deje usted salir a este joven, que lo emplee en el colegio y que sea severo con él». Dije para mí: «Estoy perdido». Pero el director era un hombre suave, insinuante, con habilidad indígena, culto malicioso, y comprendió qué clase de soñador le llevaban. «Amiguito -me dijo- no encontrará usted en mí severidad, sino amistad; pórtese bien, dará, usted una clase de gramática. Eso sí, no saldrá usted a la calle, porque es orden estricta del señor Presidente». En efecto, comencé a hacer mi vida escolar, no sin causar, desde luego, en el establecimiento inusitadas revoluciones. Por ejemplo, me hice magnetizador entre los muchachos. Hacía misteriosos pases y decía palabras sibilinas, y lo peor del caso es que un día uno de los chicos se me durmió de veras y no lo podía despertar, hasta que a alguien se le ocurrió echarle un vaso de agua fría en la cabeza. El director me llamó y me dijo palabras represivas. No insistí, pero enseñé a recitar versos a todos los alumnos y era consultado para declaraciones y cartas de amor. En tal prisión estuve largos meses, hasta que un día, también por orden presidencial, fui sacado para algo que señaló en mi vida una fecha inolvidable: el estreno de mi primer frac y mi primera comunicación con el público.

El presidente había resuelto que fuese yo -la verdad es que ello era honroso y satisfactorio para mis pocos años- el que abriese oficialmente la velada que se dio en celebración del Centenario de Bolívar. Escribí una oda que, según lo que vagamente recuerdo, era bella, clásica, correcta, muy distinta, naturalmente, a toda mi producción en tiempos posteriores.

Aquí se produce en mi memoria una bruma que me impide todo recuerdo. Sólo sé que perdí el apoyo gubernamental. Que anduve a la diabla con mis amigos bohemios y que me enamoré ligera y líricamente de una muchacha que se llamaba Refugio, a la cual escribí, en cierta ocasión, esta inefable cuarteta, que tuvo, desde luego, alguna romántica recompensa:

> Las que se llaman Fidelias
> Deben tener mucha fe,
> Tú, que te llamas Refugio
> Refugio refugiame.

Era una chica de catorce años, tímida y sonriente, gordita y sonrosada como una fruta. El caso fue simplemente poético y sin trascendencias. Poco tiempo después volví a mi tierra.

XIII

De nuevo en Nicaragua, reanudé mis amoríos con la que una vez llamé «garza morena». Era presidente de la República el general Joaquín Zabala, granadino, conservador, gentilhombre, excelente sujeto para el gobierno y de seguros prestigios. Se me consiguió un empleo en la secretaría presidencial. Escribí en periódicos semi-oficiales versos y cuentos y uno que otro artículo político. Siempre lleno de ilusiones amorosas, mi encanto era irme a la orilla del lago por las noches llenas de insinuante tibieza. Me acostaba en el muelle de madera. Miraba las estrellas prodigiosas, oía el chapoteo de las aguas agitadas. Pensaba. Soñaba. ¡Oh, sueños dulces de la juventud primaveral! Revelaciones súbitas de algo que está en el misterio de los corazones y en la reconditez de nuestras mentes; conversación con las cosas en un lenguaje sin fórmula, vibraciones inesperadas de nuestras íntimas fibras y ese reconcentrar por voluntad, por instinto, por influencia divina en la mujer, en esa misteriosa encarnación que es la mujer, todo el cielo y toda la tierra. Naturalmente, en aquellas mis solitarias horas brotaban prosas y versos y la erótica hoguera iba en aumento. Hacía viajes a veces a Momotombo, el puerto del lago. Admiraba los pájaros de las islas. En ocasiones cazaba cocodrilos con Winchester, en compañía de un rico y elegante amigo llamado Lisímaco Lacayo. Mi trabajo en la secretaría del presidente, bajo la dirección de un íntimo amigo, escritor, que tuvo después un trágico fin en Costa Rica -Pedro Ortiz- me daba lo suficiente para vivir con cierta comodidad.

A causa de la mayor desilusión que pueda sentir un hombre enamorado, resolví salir de mi país. ¿Para dónde? Para cualquier parte. Mi idea era irme a los Estados Unidos. ¿Por qué el país escogido fue Chile? Estaba entonces en Managua un general y poeta salvadoreño, llamado don Juan Cañas, hombre noble y fino, de aventuras y conquistas, minero en California, militar en Nicaragua, cuando la invasión del yankee Walker. Hombre de verdadero talento, de completa distinción, y bondad inagotable. Chilenófilo decidido desde que en Chile fue diplomático allá por el año de la Exposición Universal. «Vete a Chile -me dijo-. Es el país a donde debes ir». -«Pero, don Juan -le contesté- ¿cómo me voy a ir a Chile si no tengo los recursos necesarios?» -«Vete a nado -me dijo- aunque te ahogues en el camino». Y el caso es que entre él y otros amigos me arreglaron mi viaje a Chile. Llevaba como único dinero unos pocos paquetes de soles peruanos y como única esperanza dos cartas que me diera el general Cañas -una para un joven que había sido íntimo amigo suyo y que residía en Valparaíso, Eduardo Poirier, y otra para un alto personaje de Santiago.

En ese tiempo vino la guerra que por la unión de las cinco repúblicas de Centro América declaraba el presidente de Guatemala, Rufino Barrios. En Nicaragua había subido al poder después de Zabala, el doctor Cárdenas. Y anduve entre proclamas, discursos y fusilerías. Vino un gran terremoto. Estando yo de visita en una casa, oí un gran ruido y sentí palpitar la tierra bajo mis pies; instintivamente tomé en brazos a una niñita que estaba cerca de mí, hija del dueño de casa, y salí a la calle; segundos después la pared caía sobre el lugar en que estábamos. Retumbaba el enorme volcán huguesco, llovía cenizas. Se obscureció el sol, de modo que a las dos de la tarde se andaba por las calles con linternas. Las gentes rezaban, había un temor y una impresión medioevales. Así me fui al puerto como entre una bruma. Tomé el vapor, un vapor alemán de la compañía «Kosmos», que se llamaba Uarda. Entré a mi camarote, me dormí. Era yo el único pasajero. Desperté horas después y fui sobre cubierta. A lo lejos quedaban las costas de mi tierra. Se veía sobre el país una nube negra. Me entró una gran tristeza. Quise comunicarme con las gentes de a bordo, con mi precario inglés y no pude hacerme entender. Así empezaron largos días de navegación entre alemanes que no hablaban más lengua que la suya. El capitán me tomó cariño, me obsequiaba en la comida con buenos vinos del Rhin, cervezas teutónicas y refinados alcoholes. Y por el juego del dominó aprendí a contar en alemán: *ein, zwei, drei, vier, fünf...* Visité todos los puertos del Pacífico, entre los cuales aquellos donde no hay árboles, ni agua, y los hoteleros, para distracción de sus huéspedes tienen en tablas, que colocan como biombos, pintados árboles verdes y aun llenos de flores y frutas.

XIV

Por fin, el vapor llega a Valparaíso. Compro un periódico. Veo que ha muerto Vicuña Mackenna. En veinte minutos, antes de desembarcar, escribo un artículo. Desembarco. La misma cosa que en el Salvador: ¿qué hotel? El mejor.

No fue el mejor, sino un hotel de segunda clase en donde se hospedaba un pianista francés llamado el capitán Yoyer. Hice buscar a Eduardo Poirier y al poco rato este hombre generoso, correcto y eficaz estaba conmigo, dándome la ilusión de un Chile espléndido y realizable para mis aspiraciones. *El Mercurio* de Valparaíso, publicó mi artículo sobre Vicuña Mackenna y me lo pagó largamente. Poirier fue entonces, después y siempre, como un hermano mío. Pero había que ir inmediatamente a Santiago, a la capital. Poirier me pidió la carta que traía yo para aquel personaje eminente en la ciudad directiva y la envió al destinatario.

Mi artículo en *El Mercurio*, mi renombre anterior... Contestó aquel personaje que tenía en el Hotel de France ya listas las habitaciones para el señor Darío y que me esperaría en la estación. Tomé el tren para Santiago.

Por el camino no fueron sino rápidas visiones para ojos de poeta, y he aquí la capital chilena.

Ruido de tren que llega, agitación de familias, abrazos y salutaciones, mozos, empleados de hotel, todo el trajín de una estación metropolitana. Pero a todo esto las gentes se van, los coches de los hoteles se llenan y desfilan y la estación va quedando desierta. Mi valijita y yo quedamos a un lado, y ya no había nadie casi en aquel largo recinto, cuando diviso dos cosas: un carruaje espléndido con dos soberbios caballos, cochero estirado y *valet* y un señor todo envuelto en pieles, tipo de financiero o de diplomático, que andaba por la estación buscando algo. Yo, a mi vez, buscaba. De pronto, como ya no había nada que buscar, nos dirigimos el personaje a mí y yo al personaje. Con un tono entre dudoso, asombrado y despectivo me preguntó: -«¿Sería usted acaso el señor Rubén Darío?». Con un tono entre asombrado, miedoso y esperanzado pregunté: -«¿Sería usted acaso el señor C. A.?» Entonces vi desplomarse toda una Jericó de ilusiones. Me envolvió en una mirada. En aquella mirada abarcaba mi pobre cuerpo de muchacho flaco, mi cabellera larga, mis ojeras, mi jacquecito de Nicaragua, unos pantaloncitos estrechos que yo creía elegantísimos, mis problemáticos zapatos, y sobre todo mi valija. Una valija indescriptible actualmente, en donde, por no sé qué prodigio de comprensión, cabían dos o tres camisas, otro pantalón, otras cuantas cosas de indumentaria, muy pocas, y una cantidad inimaginable de rollos de papel, periódicos, que luchaban apretados por caber en aquel reducidísimo espacio. El personaje miró hacia su coche. Había allí un secretario. Lo llamó. Se dirigió a mí. -«Tengo -me dijo- mucho placer en conocerle. Le había hecho preparar habitación en un hotel de que le hablé a su amigo Poirier. No le conviene».

Y en un instante aquella equivocación tomó ante mí el aspecto de la fatalidad y ya no existía, por los justos y tristes detalles de la vida práctica, la ilusión que aquel político opulento tenía respecto al poeta que llegaba de Centro América. Y no había, en resumidas cuentas, más que el inexperto adolescente que se encontraba allí a caza de sueños y sintiendo los rumores de las abejas de esperanza que se prendían a su larga cabellera.

XV

Por recomendación de aquel distinguido caballero entré inmediatamente en la redacción de *La Época*; que dirigía el señor Eduardo Mac-Clure, y desde ese momento me incorporé a la joven intelectualidad de Santiago. Se puede decir que la «élite» juvenil santiaguina se reunía en aquella redacción, por donde pasaban graves y directivos personajes. Allí conocí a don Pedro Montt, a don Agustín Edwards, cuñado del director del diario, a don Augusto Orrego Luco, al doctor Federico Puga Borne, actual ministro de Chile en Francia, y a tantos otros que pertenecían a la alta política de entonces.

La falange nueva la componía un grupo de muchachos brillantes que han tenido figuración, y algunos la tienen, no solamente en las letras, sino también en puesto de gobierno. Eran habituales a nuestras reuniones Luis Orrego Luco; el hijo del presidente de la República, Pedro Balmaceda; Manuel Rodríguez Mendoza; Jorge Huneeis Gana; su hermano Roberto; Alfredo y Galo Irarrázabal; Narciso Tondreau; el pobre Alberto Blest, ido tan pronto; Carlos Luis Hübner y otros que animaban nuestros entusiasmos con la autoridad que ya tenían; por ejemplo: el sutil ingenio de Vicente Grez o la romántica y caballeresca figura de Pedro Nolasco Préndez.

Luis Orrego Luco hacía presentir ya al escritor de emoción e imaginación que había de triunfar con el tiempo en la novela. Rodríguez Mendoza era entendedor de artísticas disciplinas y escritor político que fue muy apreciado. A él dediqué mi colección de poesías *Abrojos*. Jorge Huneeis Gana se apasionaba por lo clásico. Hoy mismo, que la diplomacía le ha atraído por completo, no olvidaba sus ganados lauros de prosista y publica libros serios, correctos e interesantes. Su hermano Roberto era un poeta sutil y delicado; hoy ocupa una alta posición en Santiago. Galo Irarrázabal murió no hace mucho tiempo, de diplomático, y su hermano Alfredo, que en aquella época tenía el cetro sonoro de la poesía alegre y satírica, es ahora ministro plenipotenciario en el Japón. Tondreau hacía versos gallardos y traducía a Horacio. Ha sido intendente de una provincia. Todos los demás han desaparecido; muy recientemente el cordial y perspicaz Hübner.

Mac-Clure solía aparecer a avivar nuestras discusiones con su rostro sonriente y su inseparable habano. Era lo que en España se llama un hidalgo y en Inglaterra un *gentleman*.

La impresión que guardo de Santiago, en aquel tiempo, se reduciría a lo siguiente: vivir de arenques y cerveza en una casa alemana para poder vestirme elegantemente, como correspondía a mis amistades aristocráticas. Terror del cólera que se presentó en la capital. Tardes maravillosas en el cerro de Santa Lucía. Crepúsculos inolvidables en el lago del parque Cousiño. Horas nocturnas con Alfredo Irarrázabal, con Luis Orrego Luco o en el silencio del Palacio de la Moneda, en compañía de Pedro Balmaceda y del joven conde Fabio Sanminatelli, hijo del ministro de Italia.

Debo contar que una tarde, en un *lunch*, que allá llaman hacer «once», conocí al presidente Balmaceda. Después debía tratarle más detenidamente en Viña del Mar. Fui invitado a almorzar por él. Me colocó a su derecha, lo cual, para aquel hombre lleno de justo orgullo, era la suprema distinción. Era un almuerzo familiar. Asistía el canónigo doctor Florencio Fontecilla, que fue más tarde obispo de La Serena y el general Orozimbo Barbosa, a la sazón ministro de la Guerra.

Era Balmaceda, a mi entender, el tipo del romántico-político y selló con su fin su historia. Era alto, garboso, de ojos vivaces, cabellera espesa, gesto señorial, palabra insinuante -al mismo tiempo autoritaria y meliflua. Había nacido para príncipe y para actor. Fue el rey de un instante, de su patria; y concluyó como un héroe de Shakespeare. ¿Qué más recuerdos de Santiago que me sean intelectualmente simpáticos?: La capa de don Diego Barros Arana; la tradicional figura de los Amunátegui; don Luis Montt en su biblioteca.

Voy a referir algo que se relaciona con mi actuación en la redacción de *La Época*. Una noche apareció nuestro director en la tertulia y nos dijo lo siguiente: «Vamos a dedicar un número a Campoamor, que nos acaba de enviar una colaboración. Doscientos pesos al que escriba la mejor cosa sobre Campoamor». Todos nos pusimos a la obra. Hubo notas muy lindas; pero por suerte, o por concentración de pensamiento, ninguna de las poesías resumía la personalidad del gran poeta, como esta décima mía:

«Este del cabello cano
como la piel del armiño,
juntó su candor de niño
con su experiencia de anciano.
Cuando se tiene en la mano
un libro de tal varón
abeja es cada expresión,
que volando del papel
deja en los labios la miel
y pica en el corazón».

Debo confesar, sin vanidad ninguna, que todos los compañeros aprobaron la disposición del director que me adjudicaba el ofrecido premio.

Y ahora quiero evocar del triste, malogrado y prodigioso Pedro Balmaceda. No ha tenido Chile poeta más poeta que él. A nadie se le podría aplicar mejor el adjetivo de Hamlet: «Dulce príncipe». Tenía una cabeza apolínea, sobre un cuerpo deforme. Su palabra era insinuante, conquistadora, áurea. Se veía también en él la nobleza que le venía por linaje. Se diría que su juventud estaba llena de experiencia. Para sus pocos años tenía una sapiente erudición. Poseía idiomas. Sin haber ido a Europa sabía detalles de bibliotecas y museos. ¿Quién escribía en ese tiempo sobre arte, sino él? Y, ¿quién daba en ese instante una vibración de novedad de estilo como él? Estoy seguro de que todos mis compañeros de aquel entonces acuerdan conmigo, la palma de la prosa a nuestro Pedro, lamentado y querido.

Y, ¿cómo no evocar ahora que él fue quien publicara mi libro *Abrojos*, respecto al cual escribiera una página artística y cordial?

XVI

Por Pedro pasé a Valparaíso, en donde -¡anomalía!- iba a ocupar un puesto en la Aduana.

Valparaíso, para mí, fue ciudad de alegría y de tristeza, de comedia y de drama y hasta de aventuras extraordinarias. Estas quedarán para después.

Pero no dejaré de narrar mi permanencia y mi salida de la redacción de *El Heraldo*. Lo dirigía a la sazón Enrique Valdés Vergara. Era un diario completamente comercial y político. Había sido yo nombrado redactor por influencia de don Eduardo de la Barra, noble poeta y excelente amigo mío. Debo agregar para esto la amistad de un hombre muy querido y muy desgraciado en Chile: Carlos Toribio Robinet.

Se me encargó una crónica semanal. Escribí la primera sobre *sports*. A la cuarta me llamó el director y me dijo: «Usted escribe muy bien... Nuestro periódico necesita otra cosa... Así es que le ruego no pertenecer más a nuestra redacción...». Y, por escribir muy bien, me quedé sin puesto.

¡Que no olvide yo estos tres nombres protectores: Poirier, Galleguillos Lorca y Sotomayor!

Mi vida en Valparaíso se concentra en ya improbables o ya hondos amoríos; en vagares a la orilla del mar, sobre todo, por Playa Ancha; invitaciones a bordo de los barcos, por marinos amigos y literarios; horas nocturnas, ensueños matinales, y lo que era entonces mi vibrante y ansiosa juventud.

Por circunstancias especiales e inquerida bohemia, llegaron para mí momentos de tristeza y escasez. No había sino partir. Partir gracias a don Eduardo de la Barra, Carlos Toribio Robinet, Eduardo Poirier y otros amigos.

Antes de embarcar a Nicaragua aconteció que yo tuviese la honra de conocer al gran chileno don José Victorino Lastarria.

Y fue de esta manera: Yo tenía, desde hacía mucho tiempo, como una viva aspiración el ser corresponsal de *La Nación*, de Buenos Aires. He de manifestar que es en ese periódico donde comprendí a mi manera el manejo del estilo y que en ese momento fueron mis maestros de prosa dos hombres muy diferentes: Paul Groussac y Santiago Estrada, además de José Martí. Seguramente en uno y otro existía espíritu de Francia. Pero de un modo decidido, Groussac fue para mí el verdadero conductor intelectual.

Me dijo don Eduardo de la Barra: vamos a ver a mi suegro, que es íntimo amigo del general Mitre, y estoy seguro de que él tendrá un gran placer en darle una carta de recomendación para que logremos nuestro objeto, y también estoy seguro de que el general Mitre aceptará inmediatamente la recomendación. En efecto, a vuelta de correo, venía la carta del general, con palabras generosas para mí, y diciéndome que se me autorizaba para pertenecer desde ese momento a *La Nación*.

Quiso, pues, mi buena suerte que fuesen un Lastarria y un Mitre quienes hiciesen mi colaboración en ese gran diario.

Estaba Lastarria sentado en una silla Voltaire. No podía moverse por su enfermedad. Era venerable su ancianidad ilustre. Fluía de él autoridad y majestad.

Había mucha gloria chilena en aquel prócer. Gran bondad emanaba de su virtud y nunca he sentido en América como entonces la majestad de una presencia sino cuando conocí al general Mitre en la Argentina y al doctor Rafael Núñez en Colombia.

Con mi cargo de corresponsal de *La Nación* me fui para mi tierra, no sin haber escrito mi primera correspondencia fechada el 3 de febrero de 1889, sobre la llegada del crucero brasileño «Almirante Barroso» a Valparaíso, a cuyo bordo iba un príncipe, nieto de don Pedro.

En todo este viaje no recuerdo ningún incidente, sino la visión de la «debacle» de Panamá: Carros cargados de negros africanos que aullaban porque, según creo, no se les había pagado sus emolumentos. Y aquellos hombres desnudos y con los brazos al cielo, pedían justicia.

XVII

Al llegar a este punto de mis recuerdos, advierto que bien puedo equivocarme, de cuando en cuando, en asuntos de fecha, y anteponer, o posponer, la prosecución de sucesos. No importa. Quizás ponga algo que aconteció después en momentos que no le corresponde y viceversa. Es fácil, puesto que no cuento con más guía que el esfuerzo de mi memoria. Así, por ejemplo, pienso en algo importante que olvidé cuando he tratado de mi primera permanencia en San Salvador.

Un día, en momentos en que estaba pasando horas tristes, sin apoyo de ninguna clase, viviendo a veces en casa de amigos y sufriendo lo indecible, me sentí mal, en la calle. En la ciudad había una epidemia terrible de viruela. Yo creí que lo que me pasaba sería un malestar causado por el desvelo; pero resultó que, desgraciadamente, era el temido morbo. Me condujeron a un hospital con el comienzo de la fiebre. Pero en el hospital protestaron, puesto que no era aquello un lazareto; y entonces, unos amigos, entre los cuales recuerdo el nombre de Alejandro Salinas, que fue el más eficaz, me llevaron a una población cercana, de clima más benigno, que se llamaba Santa Tecla. Allí se me aisló en una habitación especial y fui atendido, verdaderamente como si hubiese sido un miembro de su familia, por unas señoritas de apellido Cáceres Buitrago. Me cuidaron, como he dicho, con cariño y solicitud y sin temor al contagio de la peste espantosa. Yo perdí el conocimiento, viví algún tiempo en el delirio de la fiebre, sufrí todo lo cruento de los dolores y de las molestias de la enfermedad; pero fui tan bien servido que no quedaron en mí, una vez que se había triunfado del mal, las feas cicatrices que señalan el paso de la viruela.

En lo referente a mi permanencia en Chile, olvidé también un episodio que juzgo bastante interesante. Cuando habitaba en Valparaíso, tuve la protección de un hombre excelente y de origen humilde, el doctor Galleguillos Lorca, muy popular y muy mezclado entonces en política, siendo una especie de *leader* entre los obreros. Era médico homeópata. Había comenzado de minero, trabajando como un peón; pero dotado de singulares energías, resistentes y de buen humor, logró instruirse relativamente y llegó a ser lo que era cuando yo le conocí. Llegaban a su consultorio tipos raros a quienes daba muchas veces, no sólo las medicinas, sino también dinero. El hampa de Valparaíso tenía en él a su galeno. Le gustaba tocar la guitarra, cantar romances, e invitaba a sus visitantes casi siempre, gente obrera, a tomar unos «ponches» compuestos de agua, azúcar y aguardiente, el aguardiente que llamaban en Chile «guachacay». Era ateo y excelente sujeto. Tenía un hijo a quien inculcaba sus ideas en discursos burlones, de volterianismo ingenuo y un poco rudo. El resultado fue que el pobre muchacho, según supe después, a los veinte y tantos años se pegó un tiro.

Una ocasión me dijo el doctor Galleguillos: «¿Quiere usted acompañarme esta noche a una visita que tengo que hacer por los cerros?». Los cerros de Valparaíso tenían fama de peligrosos en horas nocturnas, mas yendo con el doctor Galleguillos me creía salvo de cualquier ataque y acepté su invitación. Tomó él su pequeño botiquín y partimos. La noche era obscura y cuando estuvimos a la entrada de la estribación de la serranía, el comienzo era bastante difícil, lleno de barrancos y hondonadas. Llegaba a nuestros oídos, de cuando en cuando, algún tiro más o menos lejano. Al entrar a cierto punto, un farolito surgió detrás de unas piedras. El doctor silbó de un modo especial, y el hombre que llevaba el farolito se adelantó a nosotros. «-¿Están los muchachos?» -preguntó Galleguillos. -«Sí, señor» -contestó el rotito. Y sirviéndonos de guía, comenzó a caminar y nosotros tras él. Anduvimos largo rato, hasta llegar a una especie de choza o casa, en donde entramos. Al llegar hubo una especie de murmullo entre un grupo de hombres que causaron en mí vivas inquietudes. Todos ellos tenían traza de facinerosos, y en efecto lo eran. Más o menos asesinos, más o menos ladrones, pues pertenecían a la mala vida. Al verme me miraron con hostiles ojos, pero el doctor les dijo algunas palabras y ello calmó la agitación de aquella gente desconfiada. Había una especie de cantina, o de boliche, en que se amontonaban unas cuantas botellas de diferentes licores. Estaban bebiendo, según la costumbre popular, un «ponche» matador, en un vaso enorme que se denomina «potrillo» y que pasa de mano en mano y de boca en boca. Uno de los mal entrazados me invitó a beber; yo rehusé con asco instintivo; y se produjo un movimiento de protesta furiosa entre los asistentes. -«Beba pronto», me dijo por lo bajo el doctor Galleguillos, «y déjese de historias». Yo comprendí lo peligroso de la situación y me apresuré a probar aquel ponche infernal. Con esto satisfice a los rotos. Luego llamaron al doctor y pasamos a un cuarto interior. En una cama, y rodeado de algunas mujeres, se encontraba un hombre herido. El doctor habló con él, le examinó y le dejó unas cuantas medicinas de su botiquín. Luego salimos, acompañados entonces de otros rotos, que insistieron en custodiarnos, porque, según decían, había sus peligros esa noche. Así, entre las tinieblas, apenas alumbrados por un farolito, entramos de nuevo a la ciudad. Era ya un poco tarde y el doctor me invitó a cenar. -«Iremos -me dijo- a un lugar curioso, para que lo conozca». En efecto, por calles extraviadas, llegamos a no recuerdo ya qué casa, tocó mi amigo una puerta que se entreabrió y penetramos. En el interior había una especie de restaurant, en donde cenaban personas de diversas cataduras. Ninguna de ellas con aspecto de gente pacífica y honesta. El doctor llamó al dueño del establecimiento y me presentó. -«Pasen adentro», nos dijo este. Seguimos más al fondo de la casa, no sin cruzar por un patio húmedo y lleno de hierba. Aquí hay enterrados muchos, me dijo en voz baja el médico. En otro comedor se nos sirvió de cenar y yo oía las voces que en un cuarto cerrado daban de cuando en cuando algunos individuos. Aquello era una timba del peor carácter. Casi de madrugada, salimos de allí y la aventura me impresionó de modo que no la he olvidado. Así no podía menos de contarla esta vez.

XVIII

Y ahora, continuaré el hilo de mi interrumpida narración. Me encuentro de vuelta de Chile, en la ciudad de León de Nicaragua.

Estoy de nuevo en la casa de mis primeros años. Otros devaneos han ocupado mi corazón y mi cabeza. Hay un apasionamiento súbito por cierta bella persona que me hace sufrir con la sabida felinidad femenina y hay una amiga inteligente, graciosa, aficionada a la literatura, que hace lo posible por ayudarme en mi amorosa empresa; y lo hace de tal manera, que cuando, por fin, he perdido mi última esperanza con la otra, entregada desdichadamente a un rival más feliz, me encuentro enloquecido por mi intercesora. Esta inesperada revolución amorosa se prolonga en la ciudad de Chinandega, en donde, ¡desventurado de mí! iba a casarse el ídolo de mis recientes anhelos. Y allí nuevas complicaciones sentimentales me aguardaban, con otra joven, casi una niña; y quién sabe en qué hubiera parado todo esto, si por segunda vez amigos míos, entre ellos el coronel Ortiz, hoy general, y que ha sido vicepresidente de la República, no me facturan apresuradamente para El Salvador. Lo que provocó tal medida fue que una fiesta dada por el novio de aquella a quien yo adoraba, y a la cual no sé por qué ni cómo, fui invitado, con el aguijón de los excitantes del diablo, y a pedido de no sé quién, empecé a improvisar versos, pero versos en los cuales decía horrores del novio, de la familia de la novia, ¡qué sé yo de quién más! Y fui sacado de allí más que de prisa. Una vez llegado a la capital salvadoreña busqué algunas de mis antiguas amistades y una de ellas me presentó al general Francisco Menéndez, entonces presidente de la República. Era este, al par que militar de mérito, conocido agricultor y hombre probo. Era uno de los más fervientes partidarios de *la Unión* centroamericana, y hubiera hecho seguramente el sacrificio de su alto puesto por ver realizado el ideal unionista que fuera sostenido por Morazán, Cabañas, Jerez, Barrios y tantos otros. En esos días se trataba cabalmente de dar vida a un nuevo movimiento unificador, y es claro que el presidente de El Salvador era uno de los más entusiastas en la obra.

A los pocos días me mandó llamar y me dijo: -«¿Quiere usted hacerse cargo de la dirección de un diario que sostenga los principios de la Unión?». -«Desde luego, señor presidente», le contesté». -«Está bien», me dijo, «daré orden para que en seguida se arregle todo lo necesario». En efecto, no pasó mucho sin que yo estuviera a la cabeza de un diario, órgano de los unionistas centroamericanos y que, naturalmente, se titulaba *La Unión*.

Estaba remunerado con liberalidad. Se me pagaba aparte los sueldos de los redactores. Se imprimía el periódico en la imprenta nacional y se me dejaba todo el producto administrativo de la empresa. El diario empezó a funcionar con bastante éxito. Tenía bajo mis órdenes a un escritor político de Costa Rica, a quien encomendé los artículos editoriales, don Tranquilino Chacón; a un fulminante colombiano, famoso en Centro-América como orador, como taquígrafo y aun como militar y como revolucionario, un buen diablo, Gustavo Ortega; y a cierto malogrado poeta costarriqueño, mozo gentil, que murió de tristeza y de miseria, aunque en sus últimos días tuviese el gobierno de Costa Rica la buena idea de hacerlo ir a Barcelona para que siquiera lograse el consuelo de morir después de haber visto Europa; me refiero a Equileo Echevarría. Luego, contaba con la colaboración de las mejores inteligencias del país y del resto de la América Central; y el diario empezó su carrera con mucha suerte.

Habitaba entonces en San Salvador la viuda de un famoso orador de Honduras, Álvaro Contreras, que si no estoy mal informado, tiene hoy un monumento. Fue este hombre vivaz y lleno de condiciones brillantes, un verdadero dominador de la palabra. Combatió las tiranías y sufrió persecuciones por ello. En tiempo de la guerra del Pacífico fundó un diario en Panamá en defensa de los intereses peruanos. Su viuda tenía dos hijas: a ambas había conocido yo en los días de mi infancia y en casa de mi tía Rita. Eran de aquellas compañeras que alegraban nuestras fiestas pueriles, de aquellas con quienes bailábamos y con quienes cantábamos canciones en las novenas de la Virgen, en las fiestas de diciembre. Esas dos niñas eran ya dos señoritas. Una de ellas casó con el hijo de un poderoso banquero, a pesar de la modesta condición en que quedara la familia después de la muerte de su padre. Yo frecuenté la casa de la viuda, y al amor del recuerdo y por la inteligencia, sutileza y superiores dotes de la otra niña, me vi de pronto envuelto en nueva llama amorosa. Ello trascendió en aquella reducida sociedad amable: -«¿Por qué no se casa?», me dijo una vez el presidente. -«Señor, le contesté, es lo que pienso hacer en seguida». Y, con el beneplácito de mi novia y de su madre, me puse a tomar las disposiciones necesarias para la realización de mi matrimonio. Entretanto, uno de mis amigos principales era Francisco Gavidia, quien quizás sea de los más sólidos humanistas y seguramente de los primeros poetas con que hoy cuenta la América española. Fue con Gavidia, la primera vez que estuve en aquella tierra salvadoreña, con quien penetran en iniciación ferviente, en la armoniosa floresta de Víctor Hugo; y de la lectura mutua de los alejandrinos del gran francés, que Gavidia, el primero seguramente, ensayara en castellano a la manera francesa, surgió en mí la idea de renovación métrica, que debía ampliar y realizar más tarde. A Gavidia acontecióle un caso singularísimo, que me narrara alguna vez, y que dice cómo vibra en su cerebro la facultad del ensueño, de tal manera que llegó a exteriorizarse con tanta fuerza. Sucedió que siendo muy joven, recién llegado a París, iba leyendo un diario por un puente del Sena, en el cual diario encontró la noticia de la ejecución de un inocente. Entonces se impresionó de tal manera que sufrió la más singular de las alucinaciones. Oyó que las aguas del río, los árboles de la orilla, las piedras de los puentes, toda la naturaleza circundante gritaban: -«¡Es necesario que alguien se sacrifique para lavar esa injusticia!». E incontinente se arrojó al río. Felizmente alguien le vio y pudo ser salvado inmediatamente. Le prodigaron los auxilios y fue conducido al consulado de El Salvador, cuyas señas llevaba en el bolsillo. Después, en su país, ha publicado bellos libros y escrito plausibles obras dramáticas; se ha nutrido de conocimientos diversos y hoy es director de la Biblioteca Nacional de la capital salvadoreña.

XIX

Listo, pues, todo para mi boda, quedó señalada la fecha del 22 de junio de aquel año de 1890 para la ceremonia civil. En ese día debería efectuarse en San Salvador una gran fiesta militar, para lo cual vendrían las tropas acuarteladas en Santa Ana y que comandaba el general Carlos Azeta, brazo derecho, y diremos casi hijo mimado del presidente de la República. Se decía que había querido casarse con Teresa, la hija mayor de este. Si no estoy equivocado había disensiones entre Ezeta y algunos ministros del general Menéndez, como los doctores Delgado e Interiano, pero no podría precisar nada al respecto.

Es el caso que las tropas llegaron para la gran parada del 22. Esa noche debía darse un baile en la Casa Blanca, esto es, en el Palacio Presidencial.

Se celebró en casa de mi novia la ceremonia del matrimonio civil y hubo un almuerzo al cual asistió el general Ezeta. Este estaba nervioso y por varias veces se levantó a hablar con el señor Amaya, director de Telégrafos y amigo suyo. Después de la fiesta, yo, fatigado, me fui a acostar temprano, con la decisión de no asistir al baile de la Casa Blanca. Muy entrada la noche, oí, entre dormido y despierto, ruidos de descargas, de cañoneo y tiros aislados, y ello no me sorprendió, pues supuse vagamente que aquello pertenecía a la función militar. Más aún, sería la madrugada, cuando sentí ruidos de caballos que se detenían en la puerta de mi habitación, a la cual se llamó, pronunciando mi nombre varias veces. -«Levántate», me decían, «está tu amigo el general Ezeta». Yo contesté que estaba demasiado cansado y no tenía ganas de pasear, suponiendo desde luego, que se me invitaba para algún alegre y báquico desvelo. Sentí que se alejaron los caballos.

Por la mañana llamaron a la puerta de nuevo; me levanté, abrí y me encontré con una criada de casa de mi novia, o mejor dicho, de mi mujer. -«Dicen las señoras», expresó, «que están muy inquietas con usted, suponiendo que le hubiese pasado algo en lo de anoche». -«¿Pero, qué ha ocurrido?», le pregunté.

-«Que ya no es presidente el general Menéndez, que le han matado». «¿Y quién es el presidente entonces?». -«El general Ezeta». Me vestí y partí inmediatamente a casa de mi esposa. Al pasar por los portales vecinos a la Casa Blanca encontré unos cuantos cadáveres entre charcos de sangre. Impresionado, entré al café del Hotel Nuevo Mundo a tomar una copa; me senté. En una mesa cercana había un hombre con una herida en el cuello, vendada con un pañuelo ensangrentado. Estaba vestido de militar y bastante ebrio. Sacó un revólver y tranquilamente me apuntó: -«Diga, ¡Viva el general Ezeta!». -«Sí, señor», le contesté, «¡Viva el general Ezeta!». -«Así se hace», exclamó. Y guardó su revólver. Tomé mi copa y partí inmediatamente a buscar a mi mujer. En su casa se me narró lo que había sucedido. Durante la noche, mientras se estaba en lo mejor del baile presidencial, donde se hallaba la flor de la sociedad salvadoreña, quedaron todos sorprendidos por ruidos de fusilería, y se notó que el Palacio estaba rodeado de tropas. Un general, cuyo nombre no recuerdo, había penetrado a los salones e intimó orden de prisión a los ministros que allí se encontraban. El presidente, general Menéndez, se había ido a acostar. La confusión de las gentes fue grande, hubo gritos y desmayos. A todo esto se había ya avisado al general Menéndez, que se ciñó su espada e increpó duramente al general que llegaba a comunicarle también orden de prisión. Entre tanto la guardia del Palacio se batía desesperadamente con las tropas sublevadas. Teresa, la hija mayor del presidente, gritaba en los salones: -«¡Que llamen a Carlos, él tranquilizará todo esto y dominará la situación!». -«Señorita», le contestó alguien, «es el general Ezeta quien se ha sublevado». El presidente había abierto los balcones de la habitación y arengaba a las tropas. Aun se oyó un viva al general Menéndez, pero este cayó instantáneamente muerto. Fue llevado el cuerpo, y los médicos certificaron que no tenía ninguna herida. Al darse cuenta de que Carlos Ezeta, a quien él quería como a un hijo y a quien había hecho toda clase de beneficios, a quien había enriquecido, a quien había puesto a la cabeza de su ejército, era quien le traicionaba de tal modo, el pobre presidente, que era cardíaco, según parece, sufrió un ataque mortal. El cadáver fue expuesto y el pueblo desfiló y se dio cuenta de la verdad del hecho. -«¿Qué piensas hacer?, me dijo mi esposa». -«Partir inmediatamente a Guatemala, puesto que hay un vapor en el puerto de la Libertad». Salí a dar los pasos necesarios para el arreglo rápido de mi viaje, y en el camino me encontré con alguien que me dijo: -«El general Ezeta desea que vaya dentro de una hora al Cuartel de Artillería». Cruzaban patrullas por las calles. Unos cuantos soldados iban cargados con cajas de dinero. Una hora después estaba yo en el cuartel de artillería, que se hallaba lleno de soldados, muchos de ellos heridos. Un tropel de jinetes. Llega el general Ezeta, rodeado de su Estado Mayor. Se nota que ha bebido mucho. Desde el caballo se dirige a mí y me dice que me entienda con no recuerdo ya quién, para asuntos de publicidad sobre el nuevo estado de cosas. Yo salgo y prosigo mis preparativos de partida; escribo una carta al nuevo presidente manifestándole que un asunto particular de especialísima urgencia, me obliga a irme inmediatamente a Guatemala; que volveré a los pocos días a ponerme a sus órdenes. Y me dirigí al puerto de la Libertad. En el hotel estaba, cuando el comandante del puerto apareció y me dijo que de orden superior me estaba prohibida la salida del país. Entonces empecé por telégrafo una campaña activísima. Me dirigí a varios amigos, rogándoles se interesasen con Ezeta y hasta recurrí a la buena voluntad masónica de mi antiguo amigo el doctor Rafael Reyes, íntimo amigo del improvisado presidente.

El vapor estaba para zarpar, cuando por influencia de Reyes, el comandante recibía orden de dejar que me embarcase; pero junto conmigo iba ya persona que observase y que procurase conocer el fondo de mis impresiones y sentimientos sobre los sucesos acontecidos. Era un señor Mendiola Boza, cubano de origen. Natural que yo me manifesté ezetista convencido, y el hombre lo creyó o no lo creyó, pero cumplió con su misión.

XX

Al llegar a Guatemala, supe que la guerra estaba por estallar entre este país y El Salvador. Menéndez: había mantenido las mejores relaciones con el presidente guatemalteco Barillas, y este tenía sus razones para creer que Ezeta le sería contrario, y aprovechara para prestigiarse de la antipatía tradicional entre salvadoreños y guatemaltecos. No bien hube llegado al hotel, cuando un oficial se presentó a decirme que el presidente general Barillas me esperaba inmediatamente. La capital estaba conmovida y se hablaba de la seguridad de la guerra. Me dirigí a la casa presidencial, acompañado del oficial que había ido a buscarme. Penetré entre los numerosos soldados de la guardia de honor y se me hizo pasar a un salón. Al llegar, vi que el presidente estaba rodeado de muchos notables de la ciudad. Se hallaba agitadísimo y cuando yo entré pronunciaba estas palabras: -«Porque, señores, el que quiera comer pescado que se moje él...». Yo me senté tímidamente en una silla, fuera del círculo, pero el presidente me miró y me preguntó: «¿Es usted el señor Rubén Darío?». -«Sí, señor», le contesté. Me hizo entonces avanzar y me señaló un asiento cercano a él. -«Vamos a ver», me dijo, «¿es usted también de los que andan diciendo que el general Menéndez no ha sido asesinado?». -«Señor Presidente», le contesté, «yo acabo de llegar, no he hablado aún con nadie, pero puedo asegurarle que el presidente Menéndez no ha sido asesinado». En los ojos de Barillas brilló la cólera. -«¿Y no sabe usted que tengo en la Penitenciaría a muchos propaladores de esa falsa noticia?». -«Señor», insistí, «esa noticia no es falsa. El general Menéndez ha muerto de un ataque cardíaco al parecer; pero si no ha sido asesinado con bala o con puñal, le ha dado muerte la ingratitud, la infamia del general Ezeta, que ha cometido, se puede decir, un verdadero parricidio». Y me extendí sobre el particular. El presidente me escuchó sin inmutarse. «Está bien», me dijo, cuando hube concluido. «Vaya en seguida y escriba eso. Que aparezca mañana mismo. Y véase con el Ministro de Relaciones Exteriores y con el Ministro de Hacienda». Me fui rápidamente a mi hotel y escribí la narración de los sucesos del 22 de junio, con el título de *Historia negra*, que en ocasión oportuna reprodujo *La Nación*, de Buenos Aires.

Mi escrito causó gran impresión, y supe después que Carlos Ezeta, así como su hermano Antonio, aseguraban que si alguna vez caía en sus manos no saldría vivo de ellas. -«Y pensar», decía algún tiempo más tarde el presidente Ezeta al ministro de España, don Julio de Arellano y Arróspide -después Marqués de Casa Arellano, y cuya esposa fuera madrina de mi hijo, en San José de Costa Rica- «¡y pensar que yo hubiera hecho rico a Rubén si no comete el disparate de ponerse en contra mía!». La verdad es que yo estaba satisfecho de mi conducta, pues Menéndez había sido mi benefactor, y sentía repugnancia de adherirme al círculo de los traidores. ¡Será ello quizás un poco romántico y poco práctico; pero qué le vamos a hacer!

XXI

De mi entrevista con el Ministro de Relaciones Exteriores y con el de Hacienda resultó que por disposición presidencial se me hizo, como en San Salvador, director y propietario de un diario de carácter semioficial. A los pocos días, salía el primer número de *El Correo de la tarde*.

Era el general Barillas un presidente voluntarioso y tiránico, como han sido casi todos los presidentes de la América Central. Se apoyaba, desde luego, en la fuerza militar, pero tenía cierta cultura y excelentes rasgos de generosidad y de rectitud. Uno de sus ministros era Ramón Salazar, literato notable, de educación alemana. La guerra se inició, pero concluyó felizmente al poco tiempo. El poder de los Ezetas se afianzó en San Salvador por el terror. En cuanto a mí, hice del diario semi-oficial una especie de cotidiana revista literaria. Frecuentaba a don Valero Pujol, uno de los españoles de mayor valor intelectual que hayan venido a América y cuyo nombre, no sé por qué, quizás por el rincón centroamericano en que se metiera, no ha brillado como merece. Viejo republicano amigo de Salmerón y de Pí y Margall, creo que fue, durante la república, gobernador de Zaragoza. En Guatemala era y es todavía el Maestro. Ha publicado valiosos libros de historia y tres generaciones le deben sus luces. Era director de la Biblioteca Nacional el poeta cubano, José Joaquín Palma, hombre exquisito y trovador zorrillesco. Es aquel autor de cierta poesía que se encontró entre los papeles de Olegario Andrade y que se publicó como suya, averiguándose después que era de Palma.

Tenía varios colaboradores literarios para mi periódico, entre los cuales un jovencito de ojos brillantes y cara sensual, dorada de sol de trópico, que hizo entonces sus primeras armas. Se llamaba Enrique Gómez Carrillo. Otro joven, José Tible Machado, que escribía páginas a lo Bourget, el Bourget bueno de entonces, y que después sería un conocido diplomático y actualmente redactor de *Le Gaulois*, de París, y otros.

Hice lo que pude de vida social e intelectual, pero ya era tiempo de que viniese mi mujer y acabásemos de casarnos. Y así, siete meses después de mi llegada, se celebró mi matrimonio religioso, siendo uno de mis padrinos el doctor Fernando Cruz, que falleció después de ministro en París.

XXII

En casa de Pujol intimé con un gran tipo, muy de aquellas tierras. Era el general Cayetano Sánchez, sostenedor del presidente Barillas, militar temerario, joven aficionado a los alcoholes, y a quien todo era permitido por su dominio y simpatía en el elemento bélico. Recuerdo una escena inolvidable. Una noche de luna habíamos sido invitados varios amigos, entre ellos mi antiguo profesor, el polaco don José Leonard, y el poeta Palma, a una cena en el castillo de San José. Nos fueron servidos platos criollos, especialmente uno llamado «chojín», sabroso plato que por cierto nos fue preparado por el hoy general Toledo, aspirante a la presidencia de la República. Sabroso plato, en verdad, ácido, picante, cuya base es el rábano. Los vinos abundaron como era de costumbre, y después se pasó al café y al cogñac, del cual se bebieron copas innumerables. Todos estábamos más que alegres, pero al general Sánchez se le notaba muy exaltado en su alegría, y como nos paseásemos sobre las fortificaciones, viendo de frente a la luz de la luna las lejanas torres de la Catedral, tuvo una idea de todos los diablos. «A ver, dijo, ¿quién manda esta pieza de artillería?», y señaló un enorme cañón. Se presentó el oficial y entonces Cayetano, como le llamábamos familiarmente, nos dijo: «Vean ustedes qué lindo blanco. Vamos a echar abajo una de las torres de la catedral». Y ordenó que preparasen el tiro. Los soldados obedecieron como autómatas; y como el general Sánchez era absolutamente capaz de todo, comprendimos que el momento era grave. Al poeta Palma se le ocurrió una idea excelente. -«Bien, Cayetano, le dijo; pero antes vamos a improvisar unos versos sobre el asunto. Haz que traigan más cogñac». Todos comprendimos y heroicamente nos fuimos ingurgitando sendos vasos de alcohol. Palma servía copiosas dosis al general Sánchez. Él y yo recitábamos versos, y cuando la botella se había acabado, el general estaba ya dormido. Así se libró Guatemala de ser despertada a media noche a cañonazos de buen humor. Cayetano Sánchez, poco tiempo después, tuvo un triste y trágico fin.

Por esos días aconteció un hecho que tuvo por muchos días suspensa la atención pública. El hijo de uno de los más íntegros y respetados magistrados de la capital, tenía amores con una dama casada con un extranjero. Como el marido oyese ruido una noche, se levantó y se dirigió al comedor en donde estaba oculto el amante de su mujer. Éste se arrojó sobre el pobre hombre y lo mató encarnizadamente, con un puñal. La posición del joven, y sobre todo la del padre, aumentaban lo trágico del crimen. El asesino estuvo preso por algún tiempo y luego creo que le fue facilitada la fuga. Años después, reducido a la pobreza, se le encontró cosido a puñaladas en el banco de un paseo, en una ciudad de los Estados Unidos, según se me ha contado.

XXIII

No puedo rememorar por cuál motivo dejó de publicarse mi diario, y tuve que partir a establecerme en Costa Rica. En San José pasé una vida grata, aunque de lucha. La madre de mi esposa era de origen costarriqueño y tenía allí alguna familia. San José es una ciudad encantadora entre las de la América Central. Sus mujeres son las más lindas de todas las de las cinco repúblicas. Su sociedad una de las más europeizadas y norteamericanizadas. Colaboré en varios periódicos, uno de ellos dirigido por el poeta Pío Víquez, otro por el cojo Quiroz, hombre temible en política, chispeante y popular, intimé allí con el Ministro español Arellano y cuando nació mi primogénito, como he referido, su esposa, Margarita Foxá, fue la madrina.

Un día vi salir de un hotel, acompañado de una mujer muy blanca y de cuerpo fino, española, a un gran negro elegante. Era Antonio Maceo. Iba con él otro negro, llamado Bembeta, famoso también en la guerra cubana.

Tuve amigos buenos como el hoy general Lesmes Jiménez, cuya familia era uno de los más fuertes sostenes de la política católica. Conocí en el Club principal de San José a personas como Rafael Iglesias, verboso, vibrante, decidido; Ricardo Jiménez y Cleto González Víquez, pertenecientes a lo que llamaremos nobleza costarriqueña, letrados doctos, hombres gentiles, intachables caballeros, ambos verdaderos intelectuales. Todos después han sido presidentes de la República. Conocí allí también a Tomás Regalado, manco como don Ramón del Valle Inclán, pero maravilloso tirador de revólver con el brazo que le quedaba; hombre generoso, aunque desorbitado cuando le poseía el demonio de las botellas, y que fue años más tarde presidente, también, de la República de El Salvador. Sobre el general Regalado cuéntanse anécdotas interesantes que llenarían un libro.

Después del nacimiento de mi hijo, la vida se me hizo bastante difícil en Costa Rica y partí solo, de retorno a Guatemala, para ver si encontraba allí manera de arreglarme una situación. En ello estaba, cuando recibí por telégrafo la noticia de que el gobierno de Nicaragua, a la sazón presidido por el doctor Roberto Sacasa, me había nombrado miembro de la Delegación que enviaba Nicaragua a España con motivo de las fiestas del centenario de Colón. No había tiempo para nada; era preciso partir inmediatamente. Así es que escribí a mi mujer y me embarqué a juntarme con mi compañero de Delegación, don Fulgencio Mayorca, en Panamá. En el puerto de Colón tomamos pasaje en un vapor español de la compañía Trasatlántica, si mal no recuerdo el León XIII; y salimos con rumbo a Santander.

Se me pierden en la memoria los incidentes de a bordo, pero sí tengo presente que iban unas señoras primas del escritor francés Edmond About; que iba también el delegado por el Ecuador, don Leónidas Pallarés artista, poeta de discreción y amigo excelente; uno de los delegados de Colombia, Isaac Arias Argaez, llamado el «chato» Arias, bogotano delicioso, ocurrente, buen narrador de anécdotas y cantador de pasillos, y que, nombrado cónsul en Málaga se quedó allí, hasta hoy, y es el hombre más popular y más querido en aquella encantadora ciudad andaluza.

En Cuba se embarcó Texifonte Gallego, que había sido secretario de ya no recuerdo qué Capitán General. Texifonte, buen parlante, de grandes dotes para la vida, hizo carrera. ¡Ya lo creo que hizo carrera! Hacíamos la travesía lo más gratamente posible, con cuantas ocurrencias imaginábamos y al amor de los espirituosos vinos de España. Nos ocurrió un curioso incidente. Estábamos en pleno Océano, una mañanita, y el sirviente de mi camarote llegó a despertarme: -«Señorito, si quiere usted ver un náufrago que hemos encontrado, levántese pronto». Me levanté. La cubierta estaba llena de gente, y todos miraban a un punto lejano donde se veía una embarcación y en ella un hombre de pie. El momento era emocionante. El vapor se fue acercando poco a poco para recoger al probable náufrago, cuando de pronto, y ya el sol salido, se oyó que aquel hombre con una gran voz preguntó en inglés: -«¿En qué latitud y longitud estamos?». El capitán le contestó también en inglés, dándole los datos que pedía, y le preguntó quién era y qué había pasado.

-«Soy, le dijo, el capitán Andrews de los Estados Unidos, y voy por cuenta de la casa del jabón Sapolio, siguiendo en este barquichuelo el itinerario de Cristóbal Colón al revés. Hágame el favor de avisar cuando lleguen a España al cónsul de los Estados Unidos que me han encontrado aquí». -«¿Necesita usted algo?», le dijo el capitán de nuestro vapor. Por toda contestación, el yankee sacó del interior del barquichuelo dos latas de conservas que tiró sobre la cubierta del León XIII, puso su vela y se despidió de nosotros. Algunos días después de nuestra llegada a España Mr. Andrews arribaba al puerto de Palos, en donde era recibido en triunfo. Luego, buen yankee, exhibió su barca cobrando la entrada y se juntó bastantes pesetas.

XXIV

En Madrid, me hospedé en el hotel de Las Cuatro Naciones, situado en la calle del Arenal y hoy transformado. Como supiese mi calidad de hombre de letras, el mozo Manuel me propuso: -«Señorito, ¿quiere usted conocer el cuarto de don Marcelino? Él está ahora en Santander y yo se lo puedo mostrar». Se trataba de don Marcelino Menéndez y Pelayo, y yo acepté gustosísimo. Era un cuarto como todos los cuartos de hotel, pero lleno de tal manera de libros y de papeles, que no se comprende cómo allí se podía caminar. Las sábanas estaban manchadas de tinta. Los libros eran de diferentes formatos. Los papeles de grandes pliegos estaban llenos de cosas sabias, de cosas sabias de don Marcelino. -«Cuando está don Marcelino no recibe a nadie», me dijo Manuel. El caso es que la buena suerte quiso que cuando retornó de Santander el ilustre humanista yo entrara a su cuarto, por lo menos algunos minutos todas las mañanas. Y allí se inició nuestra larga y cordial amistad.

XXV

Era el alma de las delegaciones hispanoamericanas el general don Juan Riva Palacio, ministro de Méjico, varón activo, culto y simpático. En la corte española el hombre tenía todos los merecimientos; imponía su buen humor y su actitud siempre laboriosa era por todos alabada. El general Riva Palacio había tenido una gran actuación en su país como militar y como publicista, y ya en sus últimos años fue enviado a Madrid, en donde vivía con esplendor, rodeado de amigos, principalmente funcionarios y hombres de letras. Se cuenta que algún incidente hubo en una fiesta de Palacio, con la reina regente doña María Cristina, pues ella no podía olvidar que el general Riva Palacio había sido de los militares que tomaron parte en el juzgamiento de su pariente, el emperador Maximiliano; pero todo se arregló, según parece, por la habilidad de Cánovas del Castillo, de quien el mejicano era íntimo amigo.

Tenía don Vicente, en la calle de Serrano, un palacete lleno de obras de arte y antigüedades, en donde solía reunir a sus amigos de letras, a quienes encantaba con su conversación chispeante y la narración de interesantes anécdotas. Era muy aficionado a las zarzuelas del género chico y frecuentaba, envuelto en su capa clásica, los teatros en donde había tiples buenas mozas. Llegó a ser un hombre popular en Madrid, y cuando murió, su desaparición fue sentida.

Fui amigo de Castelar. La primera vez que llegué a casa del gran hombre, iba con la emoción que Heine sintió al llegar a la casa de Goethe. Cierto que la figura de Castelar tenía, sobre todo para nosotros los hispano-americanos, proporciones gigantescas, y yo creía, al visitarle, entrar en la morada de un semidiós. El orador ilustre me recibió muy sencilla y afablemente en su casa de la calle Serrano. Pocos días después me dio un almuerzo, con el célebre político Abarzuza y el banquero don Adolfo Calzado. Alguna vez he escrito detalladamente sobre este almuerzo, en el cual la conversación inagotable de Castelar fue un deleite para mis oídos y para mi espíritu. Tengo presente que me habló de diferentes cosas referentes a América, de la futura influencia de los Estados Unidos sobre nuestras Repúblicas, del general Mitre, a quien había conocido en Madrid, de *La Nación*, diario en donde había colaborado; y de otros tantos temas en que se expedía su verbo de colorido profuso y armonioso. En ese almuerzo nos hizo comer unas riquísimas perdices que le había enviado su amiga la duquesa de Medinaceli. Hay que recordar que Castelar era un *gourmet* de primer orden y que sus amigos, conociéndole este flaco, le colmaban de presentes gratos a Meser Gaster. Después tuve ocasión de oír a Castelar en sus discursos. Le oí en Toledo y le oí en Madrid. En verdad era una voz de la naturaleza, era un fenómeno singular como el de los grandes tenores, o los grandes ejecutantes. Su oratoria tenía del prodigio, del milagro; y creo difícil, sobre todo ahora que la apreciación sobre la oratoria ha cambiado tanto, que se repita dicho fenómeno, aunque hayan aparecido, tanto en España como en la Argentina por ejemplo en Belisario Roldán, casos parecidos.

He recordado alguna vez, cómo en casa de doña Emilia Pardo Bazán y en un círculo de admiradores, Castelar nos dio a conocer la manera de perorar de varios oradores célebres que él había escuchado, y luego la manera suya, recitándonos un fragmento del famoso discurso-réplica al cardenal Manterola. Castelar era en ese tiempo, sin duda alguna, la más alta figura de España y su nombre estaba rodeado de la más completa gloria.

XXVI

Conocí a don Gaspar Núñez de Arce, que me manifestó mucho afecto y que, cuando alistaba yo mi viaje de retorno a Nicaragua, hizo todo lo posible para que me quedase en España. Escribió una carta a Cánovas del Castillo pidiéndole que solicitase para mí un empleo en la compañía Trasatlántica. Conservaba yo hasta hace poco tiempo la contestación de Cánovas, que se me quedó en la redacción del *Fígaro* de la Habana. Cánovas le decía que se había dirigido al marqués de Comillas; que este manifestaba la mejor voluntad; pero que no había, por el momento, ningún puesto importante que ofrecerme. Y a vuelta de varias frases elogiosas para mí, «es preciso, decía, que lo naturalicemos». Nada de ello pudo hacerse, pues mi visita era urgente.

Conocí a don Ramón de Campoamor. Era todavía un anciano muy animado y ocurrente. Me llevó a su casa el doctor José Verdes Montenegro, que era en ese tiempo muy joven. Se quejó el poeta de las *Doloras* y de los *Pequeños Poemas*, de ciertos críticos, en la conversación. «No quieren que los chicos me imiten», decía. Conservaba entre sus papeles, y me hizo que la leyera, una décima sobre él que yo había publicado en Santiago de Chile y que le había complacido mucho. Era un amable y jovial filósofo. Gozaba de bienes de fortuna; era terrateniente en su país de Asturias, allí donde encontrara tantos temas para sus fáciles y sabrosas poesías. Ese risueño moralista era en ocasiones como su gaitero de Gijón. Muchas veces sonríe mostrando la humedad brillante de una lágrima.

Uno de mis mejores amigos fue don Juan Valera, quien ya se había ocupado largamente en sus *Cartas Americanas* de mi libro *Azul*, publicado en Chile. Ya estaba retirado de su vida diplomática; pero su casa era la del más selecto espíritu español de su tiempo, la del «tesorero de la lengua castellana», como le ha llamado el conde de las Navas, una de las más finas amistades que conservo desde entonces. Me invitó don Juan a sus reuniones de los viernes, en donde me hice de excelentes conocimientos: el duque de Almenara Alta, don Narciso Campillo y otros cuantos que ya no recuerdo. El duque de Almenara era un noble de letras, buen gustador de clásicas páginas; y por su parte, dejó algunas amenas y plausibles. Campillo, que era catedrático y hombre aferrado a sus tradicionales principios, tuvo por mí simpatías, a pesar de mis demostraciones revolucionarias. Era conversador de arranques y ocurrencias graciosísimas, y contaba con especial donaire cuentos picantes y verdes.

XXVII

La noche que me dedicara don Juan Valera, y en la cual leí versos, me dijo: «Voy a presentar a usted una reliquia». Como pasaran las doce y la reliquia no apareciese, creí que la cosa quedaría para otra ocasión, tanto más, cuanto que comenzaban a retirarse los contertulios. Pero don Juan me dijo que tuviese paciencia y esperase un rato más. Quedábamos ya pocos, cuando a eso de las dos de la mañana, sonó el timbre y a poco entró, envuelto en su capa, un viejecito de cuerpo pequeño, algo encorvado y al parecer bastante sordo. Me presentó a él el dueño de la casa, más no me dijo su nombre, y el viejecito se sentó a mi lado. Él para mí desconocido, empezó a hablarme de América, de Buenos Aires, de Río de Janeiro, en donde había estado por algún tiempo, con cargos diplomáticos, o comisiones del gobierno de España; y luego, tratando de cosas pasadas de su vida, me hablaba de «Pepe»: «Cuando Pepe estuvo en Londres»... «Un día me decía Pepe»... «Porque como el carácter de Pepe era así»... El caso me intrigaba vivamente. ¿Quién era aquel viejecito que estaba a mi lado? No pude dominar mi curiosidad, me levanté y me dirigí a don Juan Valera. «Dígame señor, le dije, ¿quién es el señor anciano a quien usted me ha presentado?». -«La reliquia», me contestó. -«¿Y quién es la reliquia?». «Bueno es el mundo, bueno, bueno, bueno»... La reliquia era don Miguel de los Santos Álvarez; y Pepe, naturalmente, era Espronceda.

Salimos casi de madrugada. Campillo y yo, con nosotros don Miguel. Desde la Cuesta de Santo Domingo, llegamos hasta la Puerta del Sol, y luego, a las cercanías del Casino de Madrid. Yo tenía la intención de ir a acompañar la reliquia a su casa, pues ya los resplandores del alba empezaban a iluminar al cielo. Se lo manifesté y él, con mucho gracejo, me contestó: -«Le agradezco mucho, pero yo no me acuesto todavía. Tengo que entrar al Casino, en donde me aguardan unos amigos... Ya ve usted; calcule los años que tengo... y luego dirán que hace daño trasnochar!». Me despedí muy satisfecho de haber conocido a semejante hombre de tan lejanos tiempos.

Un día, en un hotel que daba a la Puerta del Sol, a donde había ido a visitar al glorioso y venerable don Ricardo Palma, entró un viejo cuyo rostro no me era desconocido, por fotografías y grabados. Tenía un gran lobanillo o protuberancia a un lado de la cabeza. Su indumentaria era modesta, pero en los ojos le relampagueaban el espíritu genial. Sin sentarse habló con Palma de varias cosas. Este me presentó a él; y yo me sentí profundamente conmovido. Era don José Zorrilla, «el que mató a don Pedro y el que salvó a don Juan»... Vivía en la pobreza, mientras sus editores se habían llenado de millones con sus obras. Odiaba su famoso «Tenorio»... Poco tiempo después, la viuda tenía que empeñar una de las coronas que se ofrendaran al mayor de los líricos de España... Después de que Castelar había pedido para él una pensión a las Cortes, pensión que no se consiguió a pesar de la elocuencia del Crisóstomo, que habló de quien era propietario del cielo azul, «en donde no hay nada que comer»...

Conocí a doña Emilia Pardo Bazán. Daba fiestas frecuentes, en ese tiempo, en honor de las delegaciones hispano-americanas que llegaban a las fiestas del centenario colombino. Sabidos son el gran talento y la verbosidad de la infatigable escritora. Las noches de esas fiestas llegaban los orfeones de Galicia, a cantar alboradas bajo sus balcones. La señora Pardo Bazán todavía no había sido titulada por el rey; pero estaba en la fuerza de su fama y de su producción. Tenía un hijo, entonces jovencito, don Jaime, y dos hijas, una de ellas casada hoy con el renombrado y bizarro coronel Cavalcanti. Su salón era frecuentado por gente de la nobleza, de la política y de las letras; y no había extranjero de valer que no fuese invitado por ella. Por esos días vi en su casa a Maurice Barrés, que andaba documentándose para su libro *Du sang, de la volupté et de la Mort*. Por cierto que le pasó una aventura graciosísima en una corrida de toros.

XXVIII

Conocí mucho a don Antonio Cánovas del Castillo, a quien fui presentado por don Gaspar Núñez de Arce. Hacía poco que aquel vigoroso viejo que era la mayor potencia política de España, se había casado con doña Joaquina de Osma, bella, inteligente y voluptuosa dama, de origen peruano. Mucho se había hablado de ese matrimonio, por la diferencia de edad; pero es el caso que Cánovas estaba locamente enamorado de su mujer, y su mujer le correspondía con creces. Cánovas adoraba los hombros maravillosos de Joaquina, y por otras partes, en las estatuas de su *sérre*, o en las que decoraban vestíbulos y salones, se veían como amorosas reproducciones de aquellos hombros y aquellos senos incomparables, revelados por los osados escotes. La conversación de Cánovas, como saben todos los que le trataron de cerca, era llena de brío y de gracia, con su peculiar ceceo andaluz. Su mujer no le iba en zaga como conversadora lista y pronta para la *risposta*; y pude presenciar, en una de las comidas a que asistiera en el opulento palacio de la Huerta, en la Guindalera, a una justa de ingenio en que tomaban parte Cánovas, Joaquina, Castelar y el general Riva Palacio.

Cuéntase ahora en Madrid una leyenda, que si no es cierta, está bien inventada como un cuento de antaño o como un romántico poema. Dícese que cuando Cánovas fue asesinado por un truculento y fanático anarquista italiano, se repitió en España el episodio de doña Juana la Loca. Y que, una vez que el cuerpo de su marido fue enterrado, después que le hubo acompañado hasta el lugar de su último reposo, sin derramar, como extática, una sola lágrima, la esposa se encerró en su palacio y no volvió a salir más de él. Dícese que apenas hablaba por monosílabos con la servidumbre para dar sus órdenes; que recorría los salones solitarios con sus tocas de viuda; que una noche de invierno se vistió de blanco con su traje de novia; que, por la mañana, los criados la buscaron por todas partes, sin encontrarla; hasta que la hallaron en el jardín, ya muerta; tendida con la cara al cielo y cubierta por la nieve. Ello es lindo y fabuloso; Tennyson, Bécquer o Barbey d'Aureville.

XXIX

Los miembros de la delegación de Nicaragua, recibimos en la sección correspondiente de la Exposición, y en su oportunidad, a los reyes de España, que iban acompañados de los de Portugal. El día de la visita fue la primera vez que observé testas coronadas. Me llamó la atención fuertemente la hermosura de la reina portuguesa, alta y gallarda como todas las Orleans, y fresca como una recién abierta rosa rosada. Iba junto a ella el obeso marido, que debía tener un trágico fin. En la vecina sección de Guatemala, sucedió algo gracioso. Había preparado el delegado guatemalteco, doctor Fernando Cruz, dos abanicos espléndidos, para ser obsequiados a las reinas; pero uno de ellos era más espléndido que el otro, puesto que era el destinado para la reina regente doña María Cristina. Los abanicos estaban sobre una bandeja de oro. El ministro, antes de ofrecerlos, anunció el obsequio en cortas y respetuosas palabras. La reina doña Amelia de Portugal vio dos abanicos y con su mirada de joven y de coqueta se dio cuenta de cuál era el mejor; y, sin esperar más, lo tomó para sí y dio las gracias al ministro.

Antes de retornar a Nicaragua, fui invitado a tomar parte en una velada lírico-literaria. Hablamos dos personas. Un joven orador de barba negra, que conquistaba a los auditorios con su palabra cálida y fluyente, don José Canalejas, que fue luego presidente del Consejo de Ministros, y yo, que leí unos versos, creo que los titulados *A Colón*. Poco tiempo después tomaba el vapor para Centro-América, en el mismo puerto de Santander, en donde había desembarcado.

No tengo en la memoria ningún incidente del viaje de retorno, solamente de las horas que el vapor se detuviera en el puerto de Cartagena, en Colombia. Cartagena de Indias, la ciudad fundada por aquel antepasado don José María de Heredia, a quien el poeta cubano-francés ha cantado y Claudius Popelin ha retratado en cuadro memorable. No lejos de Cartagena está la residencia de Cabrero, en donde se encontraba entonces retirado el antiguo Presidente de la República y célebre publicista y poeta, doctor Rafael Núñez. Este hombre eminente ha sido de las más grandes figuras de ese foco de superiores intelectos, que es el país colombiano. Digan lo que quieran sus enemigos políticos, el nombre de Rafael Núñez ha de resplandecer más tarde en una cierta y definitiva gloria. Era un pensador y un formidable hombre de acción. Bajé a tierra a hacerle una visita. Acompañábanle, cuando penetré a su morada, su esposa doña

Soledad y una sobrina. Me recibió con gravedad afable. Me dijo cosas gratas, me habló de literatura y de mi viaje a España, y luego me preguntó: «¿Piensa usted quedarse en Nicaragua?». -«De ninguna manera, le contesté, porque el medio no me es propicio». -«Es verdad, me dijo. No es posible que usted permanezca allí. Su espíritu se ahogaría en ese ambiente. Tendría usted que dedicarse a mezquinas políticas; abandonaría seguramente su obra literaria y la pérdida no sería para usted sólo, sino para nuestras letras. ¿Querría usted ir a Europa?». Yo le manifesté que eso sería mi sueño deseado; y al mismo tiempo expresé mis ansias por conocer Buenos Aires. -«Puesto que usted lo quiere, agregó, yo escribiré a Bogotá, al presidente señor Caro, para que se le nombre a usted cónsul general en Buenos Aires, pues cabalmente la persona que hoy ocupa ese puesto va a retirarse de la capital argentina. Vaya usted a su país a dar cuenta de su misión, y espere las noticias que se le comunicarán oportunamente». No hay que decir que yo me llené de esperanzas y de alegrías.

XXX

A mi llegada a Nicaragua, permanecí algunos días en la ciudad de León. Hice todo lo posible por ver si el gobierno me pagaba allí más de medio año de sueldos que me adeudaba; pero, por más que hice, vi que era preciso que fuese yo mismo a la capital, cosa que quería evitar por más de un motivo.

Estando en León, se celebraron funerales en memoria de un ilustre político que había muerto en París, don Vicente Navas. Se me rogó que tomase parte en la velada que se daría en honor del personaje fallecido, y escribí unos versos en tal ocasión. Estaba la noche de esa velada, leyendo mi poesía, cuando me fue entregado un telegrama. Venía de San Salvador, lugar a donde yo no podía ir, a causa de los Ezetas, y en donde residía mi esposa en unión de su madre y de su hermana casada. El telegrama me anunciaba en vagos términos la gravedad de mi mujer, pero yo comprendí por íntimo presentimiento que había muerto; y sin acabar de leer los versos, me fui precipitadamente al hotel en que me hospedaba, seguido de varios amigos, y allí me encerré en mi habitación, a llorar la pérdida de quien era para mí consolación y apoyo moral. Pocos días después, llegaron noticias detalladas del fallecimiento. Se me enviaba un papel escrito con lápiz por ella, en el cual me decía que iba a hacerse operar -había quedado bastante delicada después del nacimiento de nuestro hijo-, y que si moría en la operación, lo único que me suplicaba era que dejase al niño en poder de su madre, mientras esta viviese. Por otra parte, me escribía mi concuñado el banquero don Ricardo Trigueros, que él se encargaría gustoso de la educación de mi hijo, y que su mujer sería como una madre para él. Hace diez y nueve años que esto ha sucedido y ello ha sido así.

Pasé ocho días sin saber nada de mí, pues en tal emergencia recurrí a las abrumadoras nepentas de las bebidas alcohólicas. Uno de esos días abrí los ojos y me encontré con dos señoras que me asistían; eran mi madre y una hermana mía, a quienes se puede decir que conocía por primera vez, pues mis anteriores recuerdos maternales estaban como borrados. Cuando me repuse, fue preciso partir para la capital para hablar con el presidente doctor Sacasa, y ver si me abonaban mis haberes.

Llegué a Managua y me instalé en un hotel de la ciudad. Me rodearon viejos amigos; se me ofreció que se me pagaría pronto mis sueldos, mas es el caso que tuve que esperar bastantes días, tantos, que en ellos ocurrió el caso más novelesco y fatal de mi vida, pero al cual no puedo referirme en estas memorias por muy poderosos motivos. Es una página dolorosa de violencia y engaño, que ha impedido la formación de un hogar por más de veinte años; pero vive aún quien como yo ha sufrido las consecuencias de un familiar paso irreflexivo, y no quiero aumentar con la menor referencia una larga pena. El diplomático y escritor mejicano Federico Gamboa, tan conocido en Buenos Aires, tiene escrita desde hace muchos años esa página romántica y amarga, y la conserva inédita, porque yo no quise que la publicase en uno de sus libros de recuerdos. Es precisa, pues, aquí esta laguna en la narración de mi vida.

XXXI

De este modo, encuéntreme el lector como dos meses después, en la ciudad de Panamá, en donde, según carta que había recibido en Managua, del doctor Rafael Núñez, se me debía entregar por el gobernador del Istmo mi nombramiento de cónsul general de Colombia en Buenos Aires. Así fue, por la eficaz recomendación de aquel hombre ilustre. No solamente se me entregó mi nombramiento -en el cual se me decía que se me daba este puesto por no haber entonces ninguna vacante diplomática- y mi carta patente correspondiente, sino una buena suma de sueldos adelantados. En seguida tomé el vapor para Nueva York.

Me hospedé en un hotel español, llamado el hotel América; y de allí se esparció en la colonia hispano-americana de la imperial ciudad la noticia de mi llegada. Fue el primero en visitarme un joven cubano, verboso y cordial, de tupidos cabellos negros, ojos vivos y penetrantes y trato caballeroso y comunicativo. Se llamaba Gonzalo de Quesada, y es hoy ministro de Cuba en Berlín. Su larga actuación panamericana es harto conocida. Me dijo que la colonia cubana me preparaba un banquete que se verificaría en casa del famoso *restaurateur* Martín, y que el «Maestro» deseaba verme cuanto antes. El Maestro era José Martí, que se encontraba en esos momentos en lo más arduo de su labor revolucionaria. Agregó asimismo Gonzalo, que Martí me esperaba esa noche en Harmand Hall, en donde tenía que pronunciar un discurso ante una asamblea de cubanos, para que fuéramos a verle juntos. Yo admiraba altamente el vigor general de aquel escritor único, a quien había conocido por aquellas formidables y líricas correspondencias que enviaba a diarios hispano-americanos, como *La Opinión Nacional*, de Caracas, *El Partido Liberal*, de México, y, sobre todo, *La Nación*, de Buenos Aires. Escribía una prosa profusa, llena de vitalidad y de color, de plasticidad y de música. Se transparentaba el cultivo de los clásicos españoles y el conocimiento de todas las literaturas antiguas y modernas; y, sobre todo, el espíritu de un alto y maravilloso poeta. Fui puntual a la cita, y en los comienzos de la noche entraba en compañía de Gonzalo de Quesada por una de las puertas laterales del edificio en donde debía hablar el gran combatiente. Pasamos por un pasadizo sombrío; y, de pronto, en un cuarto lleno de luz, me encontré entre los brazos de un hombre pequeño de cuerpo, rostro de iluminado, voz dulce y dominadora al mismo tiempo y que me decía esta única palabra: «¡Hijo!».

Era la hora ya de aparecer ante el público, y me dijo que yo debía acompañarle en la mesa directiva; y cuando me di cuenta, después de una rápida presentación a algunas personas, me encontré con ellas y con Martí en un estrado, frente al numeroso público que me saludaba con una aplauso simpático. ¡Y yo pensaba en lo que diría el gobierno colombiano, de su cónsul general sentado en público, en una mesa directiva revolucionaria anti-española! Martí tenía esa noche que defenderse. Había sido acusado, no tengo presente ya si de negligencia, o de precipitación, en no sé cuál movimiento de invasión a Cuba. Es el caso, que el núcleo de la colonia le era en aquellos momentos contrario; mas aquel orador sorprendente tenía recursos extraordinarios, y aprovechando mi presencia, simpática para los cubanos que conocían al poeta, hizo de mí una presentación ornada de las mejores galas de su estilo. Los aplausos vinieron entusiásticos, y él aprovechó el instante para sincerarse y defenderse de las sabidas acusaciones, y como ya tenía ganado al público, y como pronunció en aquella ocasión uno de los más hermosos discursos de su vida, el éxito fue completo y aquel auditorio antes hostil, le aclamó vibrante y prolongadamente.

Concluido el discurso, salimos a la calle. No bien habíamos andado algunos pasos, cuando oí que alguien le llamaba: «¡Don José! ¡Don José!». Era un negro obrero que se le acercaba humilde y cariñoso. «Aquí le traigo este recuerdito», le dijo. Y le entregó una lapicera de plata. -«Vea usted, me observó Martí, el cariño de esos pobres negros cigarreros. Ellos se dan cuenta de lo que sufro y lucho por la libertad de nuestra pobre patria». Luego fuimos a tomar el té a casa de una su amiga, dama inteligente y afectuosa, que le ayudaba mucho en sus trabajos de revolucionario.

Allí escuché por largo tiempo su conversación. Nunca he encontrado, ni en Castelar mismo, un conversador tan admirable. Era armonioso y familiar, dotado de una prodigiosa memoria, y ágil y pronto para la cita, para la reminiscencia, para el dato, para la imagen. Pasé con él momentos inolvidables, luego me despedí. Él tenía que partir esta misma noche para Tampa, con objeto de arreglar no sé qué preciosas disposiciones de organización. No le volví a ver más.

Como él no pudo presidir el banquete que debían de darme los cubanos, delegó su representación en el general venezolano Nicanor Bolet Peraza, escritor y orador diserto y elocuente. Al banquete asistieron muchos cubanos preeminentes, entre ellos Benjamín Guerra, Ponce de León, el doctor Miranda y otros. Bolet Peraza pronunció una bella arenga y Gonzalo de Quesada una de sus resonantes y ardorosas oraciones. Al día siguiente tomamos el tren Gonzalo y yo, pues mi deseo era conocer la catarata de Niágara, antes de partir para París y Buenos Aires. Mi impresión ante la maravilla confieso que fue menor de lo que hubiera podido imaginar. Aunque el portento se impone, la mente se representa con creces lo que en realidad no tiene tan fantásticas proporciones. Sin embargo, me sentí conmovido ante el prodigio natural, y no dejé de recordar los versos de José María de Heredia, el de castellana lengua.

Retornamos a Nueva York y tomé el vapor para Francia.

XXXII

Yo soñaba con París desde niño, a punto de que cuando hacía mis oraciones rogaba a Dios que no me dejase morir sin conocer París. París era para mí como un paraíso en donde se respirase la esencia de la felicidad sobre la tierra. Era la Ciudad del Arte, de la Belleza y de la Gloria; y, sobre todo, era la capital del Amor, el reino del Ensueño. E iba yo a conocer París, a realizar la mayor ansia de mi vida. Y cuando en la estación de

Saint Lazare, pisé tierra parisiense, creí hallar suelo sagrado. Me hospedé en un hotel español, que por cierto ya no existe. Se hallaba situado cerca de la Bolsa, y se llamaba pomposamente Grand Hotel de la Bourse et des Ambassadeurs... Yo deposité en la caja, desde mi llegada, unos cuantos largos y prometedores rollos de brillantes y áureas águilas americanas de a veinte dólares. Desde el día siguiente tenía carruaje a todas horas en la puerta, y comencé mi conquista de París...

Apenas hablaba una que otra palabra de francés. Fui a buscar a Enrique Gómez Carrillo, que trabajaba entonces empleado en la casa del librero Garnier.

Carrillo, muy contento de mi llegada, apenas pudo acompañarme por sus ocupaciones; pero me presentó a un español que tenía el tipo de un gallardo mozo, al mismo tiempo que muy marcada semejanza de rostro con Alfonso Daudet. Llevaba en París la vida del país de Bohemia, y tenía por querida a una verdadera marquesa de España. Era escritor de gran talento y vivía siempre en su sueño. Como yo, usaba y abusaba de los alcoholes; y fue mi iniciador en las correrías nocturnas del Barrio Latino. Era mi pobre amigo, muerto no hace mucho tiempo, Alejandro Sawa. Algunas veces me acompañaba también Carrillo, y con uno y otro conocí a poetas y escritores de París, a quienes había amado desde lejos.

Uno de mis grandes deseos era poder hablar con Verlaine. Cierta noche, en el café D'Harcourt, encontramos al Fauno, rodeado de equívocos acólitos.

Estaba igual al simulacro en que ha perpetuado su figura el arte maravilloso de Carriére. Se conocía que había bebido harto. Respondía de cuando en cuando, a las preguntas que le hacían sus acompañantes, golpeando interminentemente el mármol de la mesa. Nos acercamos con Sawa, me presentó: «Poeta americano, admirador, etc.». Yo murmuré en mal francés toda la devoción que me fue posible, concluí con la palabra gloria... Quién sabe qué habría pasado esta tarde al desventurado maestro; el caso es que, volviéndose a mí, y sin cesar de golpear la mesa, me dijo en voz baja y pectoral: «*¡La gloire!... ¡La gloire!...*

¡M... M... encore!...». Creí prudente retirarme, y esperar verle de nuevo una ocasión más propicia. Esto no lo pude lograr nunca, porque las noches que volví a encontrarle, se hallaba más o menos en el mismo estado; a aquello, en verdad, era triste, doloroso, grotesco y trágico. Pobre «*¡Pauvre Lelian! ¡Priez potir le pauvre Gaspard!....*».

XXXIII

Una mañana, después de pasar la noche en vela, llevó Alejandro Sawa a mi hotel a Charles Morice, que era entonces el crítico de los simbolistas. Hacía poco que había publicado su famoso libro *La literature de toute a l'heure*. Encontró sobre mi mesa unos cuantos libros, entre ellos un Walt Whitman, que no conocía. Se puso a hojear una edición guatemalteca de mi *Azul*, en que, por mal de mis pecados, incluí unos versos franceses, entre los cuales los hay que no son versos, pues yo ignoraba cuando los escribí muchas nociones de poética francesa. Entre ellas, pongo por caso, el buen uso de la «e» muda, que, aunque no se pronuncia en la conversación, o es pronunciada escasamente según el sistema de algunos declamadores, cuenta como sílaba para la medida del verso. Charles Morice fue bondadoso y tuvimos, durante mi permanencia en París, buena amistad, que por cierto no hemos renovado en días anteriores. Con quien tuve más intimidad fue con Juan Moreas. A este me presentó Carrillo, en una noche barriolatinesca. Ya he contado en otra ocasión nuestras largas conversaciones ante animadores bebedizos. Nuestras idas por la madrugada a los grandes mercados, a comer almendras verdes, o bien salchichas en los figones cercanos, donde se surten obreros y trabajadores de *les Halles*. Todo ello regado con vinos como el *petit vin bleu* y otros mostos populares. Moreas regresaba a su casa, situada por Montrouge, en tranvía, cuando ya el sol comenzaba a alumbrar las agitaciones de París despierto. Nuestras entrevistas se repetían casi todas las noches. Estaba el griego todavía joven; usaba su inseparable monóculo y se retorcía los bigotes de palíkaro, dogmatizando en sus cafés preferidos, sobre todo en el Vachetts, y hablando siempre de cosas de arte y de literatura. Como no quería escribir en los diarios, vivía principalmente de una pensión que le pasaba un tío suyo que era ministro en el gobierno del rey Jorge, en Atenas. Sabido es que su apellido no era Moreas, sino Papadiamantopoulos. Quien desee más detalles lea mi libro *Los Raros*. Me habían dicho que Moreas sabía español. No sabía ni una sola palabra. Ni él, ni Verlaine, aunque anunciaron ambos, en los primeros tiempos de la revista *La Plume*, que publicarían una traducción de *La Vida es Sueño*, de Calderón de la Barca. Siendo así como Verlaine solía pronunciar, con marcadísimo acento, estos versos de Góngora: «A batallas de amor campo de plumas»; Moreas, con su gran voz sonora, exclamaba: «No hay mal que por bien no venga»... O bien: en cuanto me veía: «¡Viva don Luis de Góngora y Argote!», y con el mismo tono, cuando divisaba a Carrillo, gritaba: «¡Don Diego Hurtado de Mendoza!». Tanto Verlaine como Moreas eran popularísimos en el Quartier, y andaban siempre rodeados de una corte de jóvenes poetas que, con el Pauvre Lelian, se aumentaban de gentes de la mala bohemia que no tenían que ver con el arte ni con la literatura.

XXXIV

Entre los verdaderos amigos de Verlaine, había uno que era un excelente poeta, Maurice Duplessis. Este era un muchacho gallardo, que vestía elegante y extravagantemente, y que con Charles Maurras, que es hoy uno de los principales sostenedores del partido Orleanista, y con Ernesto Reynaud que es comisario de policía, formaban lo que se llamaba la escuela Romana, de que Moreas era el sumo Pontífice. A Duplessis, que fue desde entonces muy mi amigo, le he vuelto a ver recientemente pasando horas amargas y angustiosas, de las cuales le librara alguna vez y ocasionalmente la generosidad de un gran poeta argentino.

Yendo en una ocasión por los bulevares, oí que alguien me llamaba. Me encontré con un antiguo amigo chileno, Julio Bañados Espinosa, que había sido ministro principal de Balmaceda. Se ocupaba en escribir la historia de la administración de aquel infortunado presidente. Nos vimos repetidas veces. Me invitó a comer en un círculo de Esgrima y Artes, que no era otra cosa, en realidad, sino una casa de juego, como son muchos círculos de París. Allá me presentó al famoso Aurelien Scholl, ya viejo y siempre monoculizado. Se decía que el juego no era perseguido en ese club, porque la influencia de Scholl... pero no deseo repetir aquí murmuraciones bulevarderas.

Comía yo generalmente en el café Larue, situado enfrente de la Magdalena. Allí me inicié en aventuras de alta y fácil galantería. Ello no tiene importancia; mas he de recordar a quien me diese la primera ilusión de costoso amor parisién. Y vaya una grata memoria a la gallarda Marión Delorme, de victorhuguesco nombre de guerra, y que habitaba entonces en la avenida Víctor Hugo. Era la cortesana de los más bellos hombres. Hoy vive en su casa de campo y da de comer a sus finas aves de corral. Los cafés y restaurants del bosque no tuvieron secretos para mí. Los días que pasé en la capital de las capitales, pude muy bien no olvidar a ningún irreflexivo *rastaquouere*. Pero los rollos de águilas iban mermando y era preciso disponer la partida a Buenos Aires. Así lo hice, no sin que mi codicioso hotelero, viendo que se le escapaba esa *pera*, como dicen los franceses, quisiese quedarse con el resto de mis oros, de lo cual me libró la intervención de un cónsul, y de mi buen amigo Tible Machado, que residía, también con cargo consular, en el puerto del Havre.

XXXV

Me embarqué para la capital argentina, llevando como *valet* a un huesudo holandés que sin recomendación alguna se me presentó ofreciéndome sus servicios.

Y heme aquí, por fin, en la ansiada ciudad de Buenos Aires, a donde tanto había soñado llegar desde mi permanencia en Chile. Los diarios me saludaron muy bondadosamente. *La Nación* habló de su colaborador con términos de afecto, de simpatía y de entusiasmo, en líneas confiadas al talento de Julio Piquet. *La Prensa* me dio la bienvenida, también en frases finas y amables, con que me favoreciera la gentileza del ya glorioso Joaquín V. González.

Fui muy visitado en el hotel en donde me hospedaran. Uno de los primeros que llegaron a saludarme fue un gran poeta a quien yo admiraba desde mis años juveniles, muchos de cuyos versos se recitan en mi lejano país original: Rafael Obligado. Otro fue don Juan José García Velloso, aquel maestro sapiente y sensible, que vino de España, y que cantó y enseñó con inteligencia erudita y con cordial voluntad.

Presenté mi Carta Patente y fui reconocido por el gobierno argentino como Cónsul General de Colombia. Mi puesto no me dio ningún trabajo, pues no había nada que hacer, según me lo manifestara mi antecesor, el señor Samper, dado que no había casi colombianos en Buenos Aires y no existían transacciones ni cambios comerciales entre Colombia y la República Argentina.

Fui invitado a las reuniones literarias que daba en su casa don Rafael Obligado. Allí concurría lo más notable de la intelectualidad bonaerense. Se leían prosas y versos. Después se hacían observaciones y se discutía el valor de estas. Allí me relacioné con el poeta y hombre de letras doctor Calixto Oyuela, cuya fama había llegado hacía tiempo a mis oídos. Conocía sus obras, muy celebradas en España. Talento de cepa castiza, seguía la corriente de las tradiciones clásicas, y en todas sus obras se encuentra la mayor corrección y el buen conocimiento del idioma. Me relacioné también con Alberto del Solar, chileno radicado en Buenos Aires, que se ha distinguido en la producción de novelas, obras dramáticas, ensayos y aun poesías. Con Federico Gamboa, entonces secretario de la Legación de México que animaba la conversación con oportunas anécdotas, con chispeantes arranques y con un buen humor contagioso e inalterable, y que ha producido notables piezas teatrales, novelas y otros libros amenos y llenos de interés. Con Domingo Martinto y Francisco Soto y Calvo, arribos cuñados de Obligado, ambos poetas y personas de distinción y afabilidad. Con el doctor Ernesto Quesada, letrado erudito, escritor bien nutrido y abundante, de un saber cosmopolita y políglota; y con otros más, pertenecientes al Buenos Aires estudioso y literario. El dueño de casa nos regalaba con la lectura de sus poesías, vibrantes de sentimiento o llameantes de patriotismo. Así pasábamos momentos inolvidables que ha recordado Federico Gamboa, con su estilo y lleno de sinceridad, en las páginas de su *Diario*.

XXXVI

Naturalmente que desde mi llegada me presenté a la redacción de *La Nación*, donde se me recibió con largueza y cariño. Dirigía el diario el inolvidable Bartolito Mitre. Lo encontré en su despacho fumando su inseparable largo cigarro italiano. Sentí a la inmediata, después de conversar un rato, la verdad de su amistad transparente y eficaz que se conservó hasta su muerte. Me llevó a presentarme a su padre el general, y me dejó allí, ante aquel varón de historia y de gloria, a quien yo no encontraba palabra que decir, después de haber murmurado una salutación emocionada. Me habló el general Mitre de Centro América y de sus historiadores Montufar, Ayón, Fernández; recordó al poeta guatemalteco Batres, autor de *El Reloj*, habló de otras cosas más. Me hizo algunas preguntas sobre el canal de Nicaragua. Estuvo suave y alentador en su manera seria y como triste, cual de hombre que se sabía ya dueño de la posteridad. Salí contentísimo.

Era administrador de *La Nación* don Enrique de Vedia. Alto, delgado, aspecto de figura de caballero del Greco. Grave y acerado, tenía una sólida y variada cultura y, un gusto excelente. A pesar de la diferencia de caracteres y de edades, cultivábamos la mejor amistad, y por indicación suya escribí muchos de los mejores artículos que publiqué en esa época en *La Nación*. Era subdirector del diario *Aníbal Latino*, esto es, José Ceppi, hombre al parecer un tanto adusto; pero dotado de actividad, de resistencia y de inmejorables condiciones para el puesto que desempeñaba. Secretario de redacción era Julio Piquet, experto catador de elixires intelectuales, escritor de sutiles pensares y de gentilezas de estilo, y que contribuía poderosamente a la confección de aquellos números nutridos de brillante colaboración del gran periódico, que se diría tenían carácter antológico. En la casa traté a crecido número de redactores y colaboradores, de los cuales unos han desaparecido y otros se han alejado, por ley del tiempo y de los cambios de la vida; pero ninguno fue más íntimo compañero mío que Roberto J. Payró, trabajador insigne, cerebro comprendedor e imaginador, que sin abandonar las tareas periodísticas ha podido producir obras de aliento en el teatro y en la novela. Fue asimismo amigo mío el autor de *La Bolsa*, José Miró, que firmaba con el pseudónimo de *Julián Martel* y cuya única obra auguraba una rica y aquilatada producción futura. El pobre Miró pasó en trabajosa bohemia y en consuetudinaria escasez, los mejores años de su juventud, y, ¡oh, ironías de la suerte!, después que murió de tuberculosis, se encontró que una parienta millonaria le había dejado en su testamento una fortuna.

XXXVII

Claro es que mi mayor número de relaciones estaba entre los jóvenes de letras, con quienes comencé a hacer vida nocturna, en cafés y cervecerías. Se comprende que la sobriedad no era nuestra principal virtud. Frecuentaba también a otros amigos que ya no eran jóvenes, como ese espíritu singular lleno de tan variadas luces y de quien emanaban una generosidad corriente simpática y un contagio de vitalidad y de alegría, el doctor Eduardo L. Holemberg; o bien el hoy célebre americanista Ambrosetti, que ilustraba nuestras charlas con sus ilustrativas narraciones. Con Payró nos juntábamos en compañía del bizarro poeta, entonces casi un efebo, pero ya encendido de cosas libertarias, Alberto Ghiraldo; de Manuel Argerich, cariñoso *dandy*, que escribió para el teatro; del excelente aeda suizo Charles Soussens, fiel a sus principios de nocturnidad; de José Ingenieros, hoy psiquiatra eminente; de José Pardo, que fundara varias revistas; de Diego Fernández Espiro, el mosquetero de los sonantes sonetos; del encantador veterano Antonino Lamberti, a quien los manes de Anacreonte bendicen, y a quien las Gracias y las Musas han sido siempre propicias y halagadoras.

Otro de mis amigos, que ha sido siempre fraternal conmigo, era Charles E. F. Vale, un inglés criollo incomparable.

Una noche, con motivo del aniversario de la reina Victoria, le dicté en el restaurant de Las 14 Provincias, un pequeño poema en prosa dedicado a su soberana, que él escribió a falta de papel en unos cuantos sobres y que no ha aparecido en ninguno de mis libros. Ese poemita es el siguiente:

God save the Queen
To my friend C. E. F. Vale.

Por ser una de las más fuertes y poderosas tierras de poesía;

Por ser la madre de Shakespeare;

Porque tus hombres son bizarros y bravos, en guerras y en olímpicos juegos;

Porque en tu jardín nace la mejor flor de las primaveras y en tu cielo se manifiesta el más triste sol de los inviernos;

Canto a tu reina, oh grande y soberbia Britania, con el verso que repiten los labios de todos tus hijos;

God save the Queen

Tus mujeres tienen los cuellos de los cisnes y la blancura de las rosas blancas;

Tus montañas están impregnadas de leyenda, tu tradición es una mina de oro, tu historia una mina de hierro, tu poesía una mina de diamantes;

En los mares, tu bandera es conocida de todas las espumas y de todos los vientos, a punto de que la tempestad ha podido pedir carta de ciudadanía inglesa:

Por tu fuerza, oh Inglaterra:

God save the Queen
Porque albergaste en una de tus islas a Víctor Hugo;

Porque sobre el hervor de tus trabajadores, el tráfago de tus marinos y la labor incógnita de tus mineros, tienes artistas que te visten de sedas de amor, de oros de gloria, de perlas líricas;

Porque en tu escudo está la unión de la fortaleza y del ensueño, en el león simbólico de los reyes y unicornio amigo de las vírgenes y hermano del Pegaso de los soñadores:

God save the Queen
Por tus pastores que dicen los salmos y tus padres de familia que en las horas tranquilas leen en alta voz el poeta favorito junto a la chimenea.

Por tus princesas incomparables y tu nobleza secular;

Por San Jorge, vencedor del Dragón; por el espíritu del gran Will y los versos de Swinburne y Tennyson;

Por tus muchachas ágiles, leche y risa, frescas y tentadoras como manzanas;

Por tus mozos fuertes que aman los ejercicios corporales; por tus *scholars* familiarizados con Platón, remeros o poetas;

God save the Queen

Envío
Reina y emperatriz, adorada de tu inmenso pueblo, madre de reyes, Victoria favorecida por la influencia de Nile; solemne viuda vestida de negro, adorada del príncipe amado; Señora del mar, Señora del país de los elefantes. Defensora de la Fe, poderosa y gloriosa anciana, el himno que te saluda se oiga hoy por toda la tierra: Reina buena: «¡Dios te salve!».

XXXVIII

Comencé a publicar en *La Nación* una serie de artículos sobre los principales poetas y escritores que entonces me parecieron raros, o fuera de lo común. A algunos les había conocido personalmente, a otros por sus libros. La publicación de la serie de *Los raros* que después formó un volumen, causó en el Río de la Plata excelente impresión, sobre todo entre la juventud de letras, a quien se revelaban nuevas maneras de pensamiento y de belleza. Cierto que había en mis exposiciones, juicios y comentos, quizás demasiado entusiasmo; pero de ello no me arrepiento, porque el entusiasmo es una virtud juvenil que siempre ha sido productora de cosas brillantes y hermosas; mantiene la fe y aviva la esperanza. Uno de mis artículos me valió una Carta de la célebre escritora francesa, Mme. Alfred Valette que firma con el pseudónimo de *Rachilde*, carta interesante y llena de *esprit*, en que me invitaba a visitarla en la redacción del *Mercure de France* cuando yo llegase a París. A los que me conocen no les extrañará que no haya hecho tal visita durante más de doce años de permanencia fija en la vecindad de la redacción del *Mercure*. He sido poco aficionado a tratarme con esos *chermaitre* franceses, pues algunos que he entrevisto me han parecido insoportables de *pose* y terribles de ignorancia de todo lo extranjero, principalmente en lo referente a intelectualidad.

Pasaba, pues, mi vida bonaerense escribiendo artículos para *La Nación*, y versos que fueron más tarde mis *Prosas Profanas*; y buscando, por la noche, el peligroso encanto de los paraísos artificiales. Me quedaba todavía en el Banco Español del Río de la Plata algún resto de mis águilas americanas; pero estas volaron pronto, por el peregrino sistema que yo tenía de manejar fondos. Me acompañaba un extraordinario secretario francés, que me encontré no sé dónde, y que me sedujo hablándome de sus aventuras de Indo-China. Considerad que me contaba: «Una vez en Saigón» o bien: «Aquella tarde en Singapour...», o bien: «Entonces me contestó mi amigo el Maradjad...». ¡No solamente le hice mi secretario, sino que él llevaba en el bolsillo mi libro de cheques! Felizmente, cuando volaron todas las águilas, voló él también, con su larga nariz, su infaltable sombrero de copa y su largo levitón.

Vino la noticia de la muerte del doctor Rafael Núñez y pocos meses después recibí nota de Bogotá, en que se me anunciaba la supresión de mi consulado. Me quedé sujeto a lo que ganaba en *La Nación* y luego a un buen sueldo que por inspiración providencial, me señaló en *La Tribuna* su director, ese escritor de bríos y gracias que se firmaba *Juan Cancio* y que no es otro que mi buen amigo Mariano de Vedia. Mi obligación era escribir todos los días una nota larga o corta, en prosa o verso, en el periódico. Después me invitó a colaborar en su diario *El Tiempo* el generoso y culto Carlos Vega Belgrano, que luego sufragó los gastos para la publicación de mi volumen de versos *Prosas Profanas*.

XXXIX

Prosas Profanas, cuya sencillez y poca complicación se pueden apreciar hoy, causaron al aparecer, primero en periódicos y después en libro, gran escándalo entre los seguidores de la tradición y del dogma académico; y no escasearon los ataques y las censuras y mucho menos las bravas defensas de impertérritos y decididos soldados de nuestra naciente reforma. Muchos de los contrarios se sorprendieron hasta del título del libro, olvidando las prosas latinas de la Iglesia, seguidas por Mallarmé en la dedicada al Des Esseint de Huysmans; y sobre todo, las que hizo en roman paladino, uno de los primitivos de la castellana lírica. José Enrique Rodó explicó y Remy de Gourmont me había manifestado ya respecto a dicho título, en una carta: «*C'est une trouvaille*». De todas esas poesías ha hecho el autor de *Motivos de Proteo* una encantadora exégesis.

Una de ellas, la titulada *Era un aire suave*, fue escrita en edad de ilusiones y de sueños y evocada en esta ciudad práctica y activa, un bello tiempo pasado, ambiente del siglo XVIII francés, visión imaginaria traducida en nuevas verdades músicas.

Ella dice la eterna ligereza cruel de aquella a quien un aristocrático poeta llamara *Enfant Malade*, y trece veces impura; la que nos da los más dulces y los más amargos instantes en la vida; la Eulalia simbólica que ríe, ríe, ríe, desde el instante en que tendió a Adán la manzana paradisíaca. Como siempre, hubo sus aplausos y sus críticas, en las cuales, gente que había oído hablar de decadentes y de simbolistas, aseguraban ser mis producciones ininteligibles, censura cuya causa no he podido nunca comprender. Como he dicho, había también quienes me seguían y me aplaudían; y tiempo después debían aquí repetirse por la obra de otros poetas de libertad y de audacia, iguales censuras, como también iguales aplausos.

Mi poesía *Divagación* fue escrita en horas de soledad y de aislamiento que fui a pasar en el Tigre Hotel. ¿Tenía yo algunos amoríos? No lo sabré decir ahora. Es el caso que en esos versos hay una gran sed amorosa y en la manifestación de los deseos y en la invitación a la pasión, se hace algo como una especie de geografía erótica. El poema concluía así:

> ... Amor, en fin, que todo diga y cante
> Amor que encante y deje sorprendida
> A la serpiente de ojos de diamante
> Que está enroscada al árbol de la vida.
>
> Ámame así, fatal, cosmopolita,
> Universal, inmensa, única, sola
> Y todas, misteriosa y erudita;
> Ámame mar y nube; espuma y ola.
>
> Sé mi reina de Saba mi tesoro;
> Descansa en mis palacios solitarios.
> Duerme. Yo encenderé los incensarios
> Y junto a mi unicornio cuerno de oro
> Tendrán rosas y miel tus dromedarios.

XL

Luego vienen otras poesías que han llegado a ser de las conocidas y repetidas en España y América, como la *Sonatina*, por ejemplo, que por sus particularidades de ejecución, yo no sé por qué no ha tentado a algún compositor para ponerle música. La observación no es mía. «Pienso, dice Rodó, que la *Sonatina* hallaría su comentario mejor en el acompañamiento de una voz femenina que le prestara melodioso realce. El poeta mismo ha ahorrado a la crítica la tarea de clasificar esa composición, dándole un nombre que plenamente la caracterizaba. Se cultiva casi exclusivamente en ella, la virtud musical de la palabra y del ritmo poético». En efecto, la musicalidad en este caso, sugiere o ayuda a la concepción de la imagen soñada.

Blasón es el título de otra corta poesía, que fue escrita en Madrid en el tiempo de las fiestas del Centenario de Colón. Tuve allí oportunidad de conocer a un gentil hombre, diplomático centroamericano, casado con una alta dama francesa, como que es, por sus primeras nupcias, la madre del actual jefe de la casa de Gontaut-Biron, el conde de Gontaut Saint-Blancard. Me refiero a la marquesa de Peralta. En el álbum de tal señora, celebré la nobleza y la gracia de un ave insigne, el cisne. Después están las alabanzas a los «ojos negros de Julia». ¿Qué Julia? Lo ignoro ahora. Sed benévolos ante tamaña ingratitud con la belleza. Porque, ciertamente, debió de ser bella la dama que inspiró las estrofas de que trato, en loor de los ojos negros, ojos que, al menos en aquel instante, eran los preferidos. Luego será un recuerdo galante en el escenario del siempre deseado París. Pierrot, el blanco poeta, encarna el amor lunar, vago y melancólico, de los líricos sensitivos. Es el carnaval. La alegría ruidosa de la gran ciudad se extiende en calles y bulevares. El poeta y su ilusión, encarnada en una fugitiva y harto amorosa parisién, certifica, por la fatalidad de la vida, la tristeza de la desilusión y el desvanecimiento de los mejores encantos. Rodó -a quien siempre habría que citar tratándose de *Prosas Profanas*- ha dicho cosas deliciosas a propósito de estos versos.

Hay en el tomo de *Prosas Profanas* un pequeño poema en prosa rimada, de fecha muy anterior a las poesías escritas en Buenos Aires, pero que por la novedad de la manera llamó la atención. Está, se puede decir, calcado, en ciertos preciosos y armoniosos juegos que Catulle Mendes publicó con el título de *Lieds de France*. Catulle Mendes, a su vez, los había imitado de los poemitas maravillosos de Gaspard de la Nuit, y de estribillos o refranes de rondas populares. Me encontraba yo en la ciudad de New York, y una señorita cubana, que era prodigiosa en el arpa, me pidió le escribiese algo que en aquella dura y colosal Babel le hiciese recordar nuestras bellas y ardientes tierras tropicales. Tal fue el origen de esos aconsonantados ritmos que se titulan *En el país del Sol*.

Un soneto hay en ese libro que se puede decir ha tenido mayor suerte que todas mis otras composiciones, pues de los versos míos son los más conocidos, los que se recitan más, en tierra hispana como en nuestra América. Me refiero al soneto *Margarita*. Por cierto, la boga y el éxito se deben a la anécdota sentimental, a lo sencillo emotivo, y a que cada cual comprende y siente en sí el sollozo apasionado que hay en estos catorce versos. Entonces sí, ya había caído yo en Buenos Aires en nuevas redes pasionales; y fui a ocultar mi idilio, mezclado a veces de tempestad, en el cercano pueblo de San Martín. ¿En dónde se encontrará, Dios mío, aquella que quería ser una Margarita Gauthier, a quien no es cierto que la muerte haya deshojado, «por ver si me quería», como dice el verso, y que llegara a dominar tanto mis sentidos y potencias? ¡Quién sabe! Pero, si llegásemos a encontrarnos, es seguro que se realizaría lo que expresa la tan humana redondilla de Campoamor:

> Pasan veinte años, vuelve él
> y al verse, exclaman él y ella:
> -¡Dios mío, y esta es aquella!
> -¡Santo Dios, y este es aquel!

Hay otra poesía en ese volumen, escrita en España en 1892, en la cual se ven ya los distintivos que han de caracterizar mi producción anterior, a pesar de que ese trabajo es castizo, de espíritu español puro, de acento, de tradición, de manera, de forma. Es en elogio de un metro popular, armonioso y cantante, la seguidilla. A ese tiempo también pertenecía el «pórtico» que escribí en Madrid para que sirviese de introducción a la colección de poesías que con el título de *En tropel* dio a luz el poeta Salvador Rueda.

La página blanca fue escrita en Buenos Aires, en casa del pobre Miguelito Ocampo. ¿Quién se acuerda de Miguelito Ocampo?... Hombre de corazón bueno, de natural ingenio, a quien se debe el primer ensayo de zarzuela cómica nacional argentina, y que hubiese quizás dejado una producción más copiosa e importante, si la peor de las bohemias no le arrebata, primero la voluntad y después la salud y la vida. En su casa escribí, como he dicho antes, *La página blanca*, en presencia de nuestro querido viejo Lamberti, a quien dediqué esos versos. Casi todas las composiciones de *Prosas Profanas* fueron escritas rápidamente, ya en la redacción de *La Nación*, ya en las mesas de los cafés, en el Aue's Keller, en la antigua casa de Lucio, en lo de Monti. *El coloquio de los centauros* lo concluí en *La Nación*, en la misma mesa en que Roberto Payró escribía uno de sus artículos. Tanto estas como otras poesías exigirían bastantes exégesis y largas explicaciones, que a su tiempo se harán en este libro.

XLI

Otra hospitalidad de buen humor que me acogiera por esos días fue la del excelente amigo Rouquad. Allí rendíamos tributo a la gula, con platos suculentos que solía dirigir el dueño de casa. Allí llegaban, entre otros compañeros ya nombrados, un joven poeta de audacia y fantasía, que ha producido después libros muy plausibles. Se llamaba Américo Llanos, era de origen uruguayo y desempeña actualmente el consulado de su país en San Sebastián de España, con su verdadero nombre, Armando

Vasseur. Iba también cierto ábate francés, de apellido Claude, que enseñaba su idioma al melodioso y elegante lírico de dorados cabellos, Eugenio Díaz Romero. Este ábate tenía una historia de las más escabrosas y que habría interesado a Barbey d'Aureville. Era sobrino de un cardenal. Había venido a la Argentina muy bien recomendado, pero al hombre le gustaban mucho los alcoholes, en especial la demoníaca agua verde del ajenjo. En una de las provincias colgó los hábitos, pues se había enamorado locamente de la mujer con quien tuvo varios hijos. Ella, atemorizada o arrepentida, le abandonó para casarse con otro; y poseyó al abate la mayor desesperación, y la desesperación y el veneno verde le llevaron casi a la locura. Volvió a Buenos Aires y entonces fue cuando le conocí. En *La Nación* he publicado una página en que narro cómo el general Mitre pudo socorrer una vez al infeliz religioso, en momentos de miseria y de angustia. Mucho tiempo después, se me apareció en París, el desventurado. Iba de nuevo vestido con sus ropas talares. Lo tenía recluido el arzobispo en un convento. Le dejaban salir muy de tarde en tarde y en compañía de algún otro sacerdote; pero esa vez llegó solo. Me contó sus horas de oración y de arrepentimiento, mas poco a poco se fue exaltando. -«Vamos, me dijo, a dar una vuelta». Yo le acompañé a la calle. Conversaba ya tranquilo, ya agitado, sobre todo cuando me recordaba a la mujer de quien estaba enamorado, y a sus hijos. Y como pasáramos cerca de un café: -«Entremos, me dijo, tengo mucha sed, tomaremos algún refresco». Por más que me opuse, vi que la cosa era irremediable. Entramos, y con asombro de los concurrentes, el abate, en vez de un refresco, ya comprenderéis que pidió su veneno. Yo me despedí más tarde. Al día siguiente llegó a verme de nuevo en un estado lamentable. Me dijo que todo aquello no era sino obra del demonio; que él estaba arrepentido y que para el mal de raíz, se iría a una cartuja que está en una isla cerca de Niza. Creí que todas esas promesas eran historias; pero el abate desapareció y a los pocos días recibía yo unas cuantas fotografías de la Cartuja y una carta en que el triste me anunciaba su definitiva separación del mundo. No volví a saber nunca más de él.

XLII

En la redacción de *Tribuna* me relacioné, por presentación de Mariano de Vedia, con el doctor Lorenzo Anadón, con el general Mansilla, y los poetas Carlos Roxlo y Christian Roeber. Mansilla simpatizó mucho conmigo y publicó a este respecto un precioso y chispeante artículo. Le visité. En su casa me mostró cosas curiosísimas, entre ellas el mejor retrato que yo haya visto de su tío don Juan Manuel de Rozas. Alcancé a conocer también a su madre, doña Agustina, la belleza célebre que aún resplandecía en su ancianidad, y a quien, cuando murió, deshojé un ramillete de rosas literarias. El poeta Roxlo era de trato suave y delicado y no adivinaba yo en él al futuro vigoroso combatiente de las luchas políticas. Publicaba sus versos impregnados de perfume patrio y en los cuales hay sollozos de guitarra pampera, melancólicos aires rurales, y la revelación armoniosa de un profundo sentir. Roeber era tipo romántico y legendario. Su novela vital se contaba en voz baja. Se decía que, por drama de amores, lo que menos le había pasado era recibir una bala en la cabeza, en duelo, por lo cual tuvo que estar un tiempo encerrado en un manicomio. Es lo cierto que tenía un conocido título español, con el cual publicó una serie de traducciones de las novelas de cierto alegre y ha tiempo pasado de moda autor francés. Mansilla me dio una comida a la cual invitó a algunos intelectuales. Tengo presente la larga conversación que allí tuve con el doctor Celestino Pera, y la interesantísima facundia de nuestro anfitrión, que narrara amenos sucesos y prodigara agudas ocurrencias, felices frases, con ese poder de conversador ágil y oportuno que se ha reconocido en todas partes.

Fundé una revista literaria en unión de un joven poeta tan leído como exquisito, de origen boliviano. Ricardo Jaimes Freyre, actualmente vecino de Tucumán. Ricardo es hijo del conocido escritor, periodista y catedrático que ha publicado tan curiosas y sabrosas tradiciones desde hace largo tiempo, en su país de Bolivia, y que en Buenos Aires hizo aparecer un valioso volumen sobre el antiguo y fabuloso Potosí. Él y su hijo eran para mí excelentes amigos. Con *Brocha Gorda*, pseudónimo de Jaimes padre, solíamos hacer amenas excursiones teatrales, o bien por la isla de Maciel, pintoresca y alegre, o por las fondas y comedores italianos de La Boca, en donde saboreábamos pescados fritos y pastas al jugo, regados con tintos chiantis y obscuros barolos. Quien haya conversado con Julio L. Jaimes, sabrá del señorito y del ingenio de los caballeros de antaño.

Con Ricardo no entrábamos por simbolismo y decadencias francesas, por cosas d'annunzianas, por prerrafaelismos ingleses y otras novedades de entonces, sin olvidar nuestras ancestrales Hitas y Berceos, y demás castizos autores. Fundamos, pues, la *Revista de América*, órgano de nuestra naciente revolución intelectual y que tuvo, como era de esperarse, vida precaria, por la escasez de nuestros fondos, la falta de suscripciones y, sobre todo, porque a los pocos números, un administrador italiano, de cuerpo bajito, de redonda cabeza calva y maneras untuosas, se escapó, llevándose los pocos dineros que habíamos podido recoger. Y así acabó nuestra entusiasta tentativa. Pero Ricardo se desquitó, dando a luz su libro de poesías *Castalia Bárbara*, que fue una de las mejores y más brillantes muestras de nuestros esfuerzos de renovadores. Allí se revelaba un lírico potente y delicado, sabio en técnica y elevado en numen.

XLIII

Y se creó el grupo del Ateneo. Esta asociación, que produjo un considerable movimiento de ideas en Buenos Aires, estaba dirigida por reconocidos capitanes de la literatura, de la ciencia y del arte, Zuberbuhler, Alberto Williams, Julián Aguirre, Eduardo Schiaffino, Ernesto de la Cárcova, Sivori, Ballerini, de la Valle, Correa Morales y otros animaban el espíritu artístico: Vega Belgrano, don Rafael Obligado, don Juan José García Velloso, el doctor Oyuela, el doctor Ernesto Quesada, el doctor Norberto Piñeiro y algunas más, fomentaban las letras clásicas y las nacionales, y los más jóvenes alborotábamos la atmósfera con proclamaciones de libertad mental.

Yo hacía todo el daño que me era posible al dogmatismo hispano, al anquilosamiento académico, a la tradición hermosillesca, a lo pseudo-clásico, a lo pseudo-romántico, a lo pseudo-realista y naturalista y ponía a mis «raros» de Francia, de Italia, de Inglaterra, de Rusia, de Escandinavia, de Bélgica y aún de Holanda y de Portugal, sobre mi cabeza. Mis compañeros me seguían y me secundaban con denuedo. Exagerábamos, como era natural la nota. Un Benjamín de la tribu, Carlos Alberto Becu, publicó una *plaquette*, donde por primera vez aparecían en castellano versos libres a la manera francesa; pues los versos libres de Jaimes Freyre, eran combinaciones de versos normales castellanos. Becu hace tiempo abandonó sus inclinaciones líricas y es hoy un grave y sesudo internacionalista. Luis Perisso publicaba su *Pensamiento de América*, su traducción de *Belkis*, del portugués Eugenio de Castro y trabajaba porque se relacionaran los jóvenes intelectuales argentinos con los del resto de Hispano-América. Leopoldo Díaz escribía sus elegancias parnasianas, sus poemas de esfuerzo esotérico. Ángel de Estrada anunciaba con su producción el sutil e intenso poeta y el prosista artístico y sugestivo que es hoy. Con él y con Alberto Vergara Biedma, profundizador y elocuente, divagábamos sobre temas de belleza, Miguel Escalada, que abandonó a las generosas musas, burilaba o miniaba poemitas de singular y suave gracia. Eduardo de Ezcurra nos hablaba de su estética y nos citaba siempre a Campanella, uno de sus autores favoritos. Carlos Baires nos hacía pensar en trascendentes problemas, con sus iniciaciones filosóficas, Mauricio Nierenstein nos mostraba selecciones de las letras alemanas y nos instruía en asuntos talmúdicos. José Ingenieros, con su aguda voz y su agudo espíritu nos hacía vibrar en súbitos entusiasmos itálicos. José Pardo llevaba alguna página de pasión, y el bien de su sedoso carácter. José Ojeda nos ungía con el óleo de la música; y si hay otros que no vienen ahora a mi memoria, han de perdonármelo a causa del tiempo. Por esos días di en el Ateneo una conferencia en extremo laudatoria sobre el soñador lusitano Eugenio de Castro. De ese vibrante grupo del Ateneo brotaron muchos versos, muchas prosas; nacieron revistas de poca vida, y en nuestras modestas comidas a escote, creábamos alegría, salud y vitalidad para nuestras almas de luchadores y de *rêveurs*. Un día apareció Lugones, audaz, joven, fuerte y fiero, como un cachorro de hecatónquero que viniera de una montaña sagrada. Llegaba de su Córdoba natal, con la seguridad de su triunfo y de su gloria. Nos leyó cosas que nos sedujeron y nos conquistaron. A poco estaba ya con Ingenieros redactando un periódico explosivo, en el cual mostraba un espíritu anárquico, intransigente y candente. Hacía prosas de detonación y relampagueo que iba más allá de León Bloy; y sonetos contra *muffles* que traspasaban los límites del más acre Laurent Taihade. Vega Belgrano lo llevó a *El Tiempo*, y allí aparecieron lucubraciones y páginas rítmicas de toda belleza, de todo atrevimiento y de toda juventud. Dio al público su libro *Las montañas de oro*, para mí el mejor de toda su obra, porque es donde se expone mayormente su genial potencia creadora, su gran penetración de lo misterioso del mundo; y porque hasta sus imperfecciones son como esos informes trozos de roca en donde se ve a los brillos del sol, el rico metal que la veta de la mina oculta en su entraña. Yo agité palmas y verdes ramos en ese advenimiento; y creí en el que venía, hoy crecido y en la plena y luminosa marcha de su triunfante genio.

XLIV

Tres amigos médicos tuve, que fueron alternativamente los salvadores de mi salud. Fue el uno el doctor Francisco Sicardi, el novelista y poeta originalísimo, cuya obra extraordinaria y desigual tiene cosas tan grandes que pasan los límites de la simple literatura. Su *Libro Extraño* es de lo más inusitado y peregrino que haya producido una pluma en lengua castellana. El otro médico, era Martín Reibel, el fraternal e incomparable Hipócrates de los poetas, a quien Eduardo Talero, entre otros, debe la vida, y yo más de una vez el afianzamiento del más sacudido y atormentado de los organismos. El otro era Prudencio Plaza, con quien fui a pasar una temporada a la isla de Martín García, cuando él era médico de aquel lazareto. Pasamos allí horas plácidas; nos perfeccionábamos en el tiro del máuser; leíamos el *Quijote*, nos confiábamos las ilusiones de nuestros mutuos porvenires. Pero no olvidaré jamás la llegada de los cadáveres de enfermos sospechosos de alguna contagiosa enfermedad; ni una autopsia que vi hacer desde lejos, del cuerpo largo y bronceado de un hindú, pues era la primera vez, la primera y la única, que he visto ejecutar el horrible y sabio descuartizamiento. De Martín García envié a *La Nación* algunas correspondencias informativas firmadas con un pseudónimo.

Hice después un viaje a Bahía Blanca, en compañía del amigo Rouquaud. No era, por cierto, Bahía Blanca el emporio que es ahora; sin embargo, ya se hablaba mucho del futuro colosal que debería llegar para esa espléndida región argentina.

De Bahía Blanca partí para una estancia del doctor Argerich, y allí fue mi primera visita a la Pampa inmensa y poética. Poética, sí, para quien sepa comprender el vaho de arte que flota sobre ese inconmensurable océano de tierra, sobre todo en los crepúsculos vespertinos y en los amaneceres. Allí supe lo que era el mate matinal, junto al fogón, en compañía de los gauchos, rudos y primitivos, pero también poéticos. Allí nemrodicé, con excelente puntería, contra martinetas, avestruces, tordos y pechirrojos, y aun fáciles y poco avisadas vizcachas. Allí atisbé, con las botas dentro del agua, bandadas de patos, y perseguí a ese espía escandaloso del aire que se llama el *teru-teru*; allí anduve a caballo varios días, desde los amaneceres hasta los atardeceres; allí adquirí fuerzas y renové mi sangre, y fortifiqué mis nervios, y pasé, quizás, entre gentes sencillas y nada literarias, los más tranquilos días de mi existencia.

XLV

Retorné a Buenos Aires, y como el producto de mi labor periodística y literaria no me fuese suficiente para vivir, avino que el doctor Carlos Carlés, que era Director general de Correos y Telégrafos, me nombró su secretario particular. Yo cumplía cronométricamente con mis obligaciones, las cuales eran contestar una cantidad innumerable de cartas de recomendación que llegaban de todas partes de la República, y luego recibir a un ejército de solicitantes de empleos, que llevaban en persona sus cartas favorables. En las primeras no me faltaba el «Con el mayor gusto...» y «en la primera oportunidad...» o «En cuanto haya alguna vacante...». Y a los que llegaban, siempre les daba esperanzas: «vuelva usted otro día... Hablaré con el director... Lo tendré muy presente... Creo que usted conseguirá su puesto...». Y así la gente se iba contenta.

En la oficina tuve muy gratos amigos, como el activísimo y animado Juan Migoni y el no menos activo, aunque algo grave de intelectualidad y de estudio, Patricio Piñeiro Sorondo, con quien me extendía en largas pláticas, en los momentos de reposo, sobre asuntos teosóficos y otras filosofías. Cuando Leopoldo Lugones llegó, también de empleado a esa repartición, formamos, lo digo con cierta modestia, un interesante trío. Cuando no contestaba yo cartas, escribía versos o artículos. En las quemantes horas del verano nos regocijaba en la secretaría la presencia de un alegre y moreno portero, que nos llevaba refrigerantes y riquísimas horchatas. Delante de mí pasaban las personas que iban a visitar al director; y recuerdo haber visto allí, por la primera vez, la noble figura del doctor Sáenz Peña, actual presidente de la República.

XLVI

Como dejo escrito, con Lugones y Piñeiro Sorondo hablaba mucho sobre ciencias ocultas. Me había dado desde hacía largo tiempo a esta clase de estudios, y los abandoné a causa de mi extremada nerviosidad y por consejo de médicos amigos. Yo había, desde muy joven, tenido ocasión, si bien raras veces, de observar la presencia y la acción de las fuerzas misteriosas y extrañas, que aún no han llegado al conocimiento y dominio de la ciencia oficial. En *Caras y Caretas* ha aparecido una página mía, en que narro cómo en la plaza de la catedral de León, en Nicaragua, una madrugada vi y toqué una larva, una horrible materialización sepulcral, estando en mi sano y completo juicio.

También en *La Nación*, de Buenos Aires, he contado cómo en la ciudad de Guatemala tuve el anuncio psicofísico del fallecimiento de mi amigo el diplomático costarriqueño Jorge Castro Fernández, en los mismos momentos en que él moría en la ciudad de Panamá; y la pavorosa visión nocturna que tuvimos en San Salvador el escritor político Tranquilino Chacón, incrédulo y ateo [sic]; visión que nos llenó, más que de asombro, de espanto.

He contado también los casos de ese género, acontecidos a gentes de mi conocimiento. En París, con Leopoldo Lugones, hemos observado en el doctor Encausse, esto es, el célebre *Papus*, cosas interesantísimas; pero según lo dejo expresado, no he seguido en esa clase de investigaciones por temor justo a alguna perturbación cerebral.

XLVII

No he de dejar en el tintero mis buenas relaciones con un *clown* inglés que ha divertido a tres generaciones de argentinos. Ya se comprenderá que trato de Frank Brown. Los que le conocen fuera de la pista saben que ese payaso es un *gentleman*; y que un artista, o un hombre de letras, tiene mucho que conversar con él. Sabe su Shakespeare mejor que muchos hombres que escriben. Es grave y casi melancólico, como todos aquellos que tienen por misión hacer reír. Hay que tener en cuenta que el arte del *clown* confina, en lo grotesco y en funambulesco, con lo trágico del delirio, con el ensueño y con las vaguedades y explosiones hilarantes de la alienación. Para manejar todo esto, se precisan una fuerte salud física y una vigorosa resistencia moral. Con Frank Brown hemos pasado repetidas horas, agradables y provechosas, y más de una vez ha aparecido su nombre en mis prosas y versos. Por ejemplo, en aquellos que empiezan:

> «Franck Brown como los Hanlon Lee
> sabe lo trágico de un paso
> de payaso y es para mí
> un buen jinete de Pegaso.
>
> Salta del circo al cielo raso;
> Banville le hubiera amado así;
> Franck Brown, como los Hanlon Lee
> sabe lo trágico de un paso...».

O en la siguiente medalla:

Anverso

«En el fondo de oro de la fiesta, en traje rojo u oro, oro o rojo saetado de estrellas, o recamado de una flora de seda, el rostro inaudito, máscara de risa cuasi por lo fijo y violento dolorosa, desciende de los Hanlon Lee, alado, elástico, Frank Brown, *clown*, aparece.

La contracción gelásmica se acompaña, de súbitos gritos y gestos, siendo el conjunto, demostración de cómo la risa, en lo bufo inglés, como en las marionetas macabras niponas, se constituye rayana, en su fondo, en lo trágico. El tono detona, en aflautados finales, o monólogo coloreado, fuertemente, de acentos de tirolesa, rayados de erres, mientras, saltante, avanza, batracio o acracio, magistral en su arte extraño, la figura que el ojo de Bebé agranda principal, miliunanochesca, deslumbrante, en única, múltiple, empero, apoteosis.

Las palabras sálenle en hipos: acaso el esfuerzo verbal continuando dolorosa meditación: Fuego de artificios cortado a veces de ausas, *lazzi* y gedeonería transcendente. Intimo con caballos, leones, perros, monos, cebras, hércules *ecuyéres* y *tonys*; Brown, con un gesto dominador, explícito, rige.

¡*Music*! ya se escucha: Tiempos de Buislay y Bell, ¡lejanos! Hoy, tiempo de Footit, tiempo de Frank Brown. ¿Qué hace, risueño risible, este *clown*, a las veces filosófico? Parodia a Shakespeare, Hamlet, no risueño, risible: doloroso».

Reverso

«Este es el caballero Frank Brown», que tiene cara de Byron. Hombre, triste y serio; piensa. Su sonrisa, melancolía. (¿Acaso él no conoce a Durero?) Y como su mano ha acariciado tanto los animales, y los ojos de los seres inocentes y profundos le han contemplado tanto, su corazón se ha llenado de íntima bondad.

Es un hombre natural; su imperio, la fuerza y la dignidad. Es inglés, sabe de poetas.

Es inglés; tiene el culto del hogar, celoso de hembra y cachorro.

Obra con sana y firme voluntad. Su alma de payaso no se ha pintado nunca la cara. Si queréis verle de cerca, si queréis conversar de Shakespeare y de la bravura y de la vida justa y sencilla, de la naturaleza sagrada y de Dios y de los buenos hombres, id a casa de Luzio, después de la función del «San Martín», y veréis junto a una mesa, rodeado de amigos, al «hombre». Le reconoceréis por la cara de Byron.

Es inglés; toma *whisky* con soda».

Yo iba siempre a ver trabajar a mi amigo *clown* en su pista del teatro «San Martín». Una noche vi allí la demostración del talento especial del «payo» Roque, para ganarse amistades y hacerse simpático con sus habilidades y maneras, a toda clase de gentes. Había leído, por la tarde, la llegada en su *yacht* de un potentado inglés, el conde de Carnarvon, Lord Dudley, a quien acompañaba un príncipe indio, Duhlcep Sing. En el intermedio de la función del «San Martín» noté en un palco a un joven de tipo británico, acompañado de otro hombre moreno que tenía en su mano derecha un anillo con estupendo brillante negro. Estaba con ellos uno al parecer secretario. Me encontré con el «payo» y le dije: «¿Ha visto usted al Lord de Inglaterra y al Príncipe de la India?» y se lo señalé en el palco. Cuál no fue mi sorpresa, cuando al continuar la función vi a Roque sentado en el palco, en risueña conversación con los dos exóticos personajes. Más tarde llegué a casa de Luzio, y como viese, muy pasada la media noche, movimiento de mozos que subían a los altos con pavos trufados y botellas de champagne, pregunté qué fiesta había arriba, y un camarero me contestó: «Son unos príncipes que están de farra con el payo y unas artistas».

Cierto día llegué a la redacción de *La Nación*, a cuyo personal yo pertenecía como algo a manera de *croque-mort*, esto es, enterrador de celebridades, pues no moría un personaje europeo, principalmente poeta o escritor, sin que don Enrique de Vedia no me encargase el artículo necrológico. Por cierto que Mark Twain me jugó una de sus pesadas bromas. Nos encontrábamos, mis compañeros de café y yo, sin un céntimo, al comenzar la noche, en casa de Monti; y aunque el bravo suizo nos hacía crédito, la situación era ardua. En esto, se me llamó por teléfono de *La Nación*. Fui inmediatamente y el administrador me mostró un cablegrama en que se anunciaba que el escritor norteamericano, famoso por su humorismo, Mark Twain, se encontraba en la agonía. «Es preciso, me dijo el señor de Vedia, que escriba usted un artículo extenso en seguida para que aparezca mañana con el retrato, pues seguramente esta noche llegará la noticia del fallecimiento». De más decir que yo puse manos a la obra con gran entusiasmo y con gran satisfacción y aprovechando ciertas apuntaciones que sobre el humorista yankee tenía desde hacía mucho tiempo. Volví, es evidente, a dar la buena nueva a los amigos que me esperaban en casa de Monti. La muerte de Mark Twain haría que tuviésemos dinero al día siguiente...

Cuando entregué mi trabajo les fui a buscar, para que cenáramos juntos y, por supuesto, pedimos una cena opípara y convenientemente humedecida. Las libaciones continuaron hasta el amanecer, entre nuestras habituales, literarias y anecdóticas charlas; y Charles Soussens, nuestro dionisiaco lírico helvético, se ofreció para ir a buscar al nacer el día, un número de *La Nación* a la imprenta. Así fue. Al poco rato le vimos aparecer desde lejos por la abierta puerta del restaurant. Traía un número del diario, pero alzaba los brazos y nos hacía gestos de desolación. Cuando llegó, con una faz triste, nos dijo: «¡No viene el artículo!». Nos pusimos serios. Desdoblé el periódico y me di cuenta de la penosa verdad. Un cablegrama anunciaba la agonía de Mark Twain, pero en otro se decía que los médicos concebían esperanzas... En otro, que se esperaba una pronta reacción y en otro que el enfermo estaba salvado y entraba en una franca mejoría... Y la salvación del escritor fue para nosotros un golpe rudo y un rasgo de humor muy propio del yankee, y del peor género... Felizmente, a propósito de la enfermedad, pude arreglar el artículo de otro modo y conseguir que pasara, algunos días después.

XLVIII

Fui, como queda dicho, cierto día, a la redacción del diario. Acababa de pasar la terrible guerra de España con los Estados Unidos. Conversando, Julio Piquet me informó de que *La Nación* deseaba enviar un redactor a España, para que escribiese sobre la situación en que había quedado la madre patria. «Estamos pensando en quién puede ir», me dijo. Le contesté inmediatamente. «¡Yo!». Fuimos juntos a hablar con el señor de

Vedia y con el director. Se arregló todo en seguida. «¿Cuándo quiere usted partir?», me dijo el administrador. «¿Cuándo sale el primer vapor?» «Pasado mañana». -«¡Pues me embarcaré pasado mañana!».

Dos días después iba yo navegando con rumbo a Europa. Era el 3 de diciembre de 1898. En esta travesía no aconteció nada de particular, solamente algo que me da motivo para una rectificación. Recorriendo mi libro *España Contemporánea* veo que el episodio del capitán Andrews aconteció en este viaje y no anteriormente, como por explicable confusión de fecha -repito que no me valgo para estos recuerdos sino de mi memoria- lo he hecho aparecer.

XLIX

Llegué a Barcelona y mi impresión fue lo más optimista posible. Celebré la vitalidad, el trabajo, lo bullicioso y pintoresco, el orgullo de las gentes de empresa y conquista, la energía del alma catalana, tanto en el soñador que siempre es un poco práctico, como en el menestral que siempre es un poco soñador. Noté lo arraigado del regionalismo intransigente y la sorda agitación del movimiento social, que más tarde habría de estallar en rojas explosiones. Hablé de las fábricas y de las artes; de los ricos burgueses y de los intelectuales, del leonardismo, de Santiago Rusiñol y de la fuerza de Ángel Guimerá, de ciertos rincones montmartrescos, de las alegres ramblas y de las voluptuosas mujeres.

Llegué a Madrid, que ya conocía, y hablé de su sabrosa pereza, de sus capas y de sus cafés. Escribía: «He buscado en el horizonte español las cimas que dejara no hace mucho tiempo, en todas las manifestaciones del alma nacional; Cánovas, muerto; Ruiz Zorrilla, muerto; Castelar, desilusionado y enfermo; Valera, ciego; Campoamor, mudo; Menéndez Pelayo... No está, por cierto, España para literaturas, amputada, doliente, vencida; pero los políticos del día parece que para nada se diesen cuenta del menoscabo sufrido, y agotan sus energías en chicanas interiores, en batallas de grupos aislados, en asuntos parciales de partidos, sin preocuparse de la suerte común, sin buscar el remedio del daño general, de las heridas en carne de la nación. No se sabe lo que puede venir. La hermana Ana no divisa nada desde la torre». Envié mis juicios al periódico, que formaron después un volumen.

Frecuenté la legación argentina, cuyo jefe era entonces un escritor eminente, el doctor Vicente G. Quesada. Intimé con el pintor Moreno Carbonero, con periodistas como el Marqués de Valdeiglesias, Moya, López Ballesteros, Ricardo Fuentes, Castrovido, mi compañero en *La Nación* Ladevese, Mariano de Cavia, y tantos otros. Volví a ver a Castelar, enfermo, decaído, entristecido, una ruina, en víspera de su muerte... Me juntaba siempre con antiguos camaradas como Alejandro Sawa, y con otros nuevos, como el *charmeur* Jacinto Benavente, el robusto vasco Baroja, otro vasco fuerte, Ramiro de Maeztu, Ruiz Contreras, Matheu y otros cuantos más; y un núcleo de jóvenes que debían adquirir más tarde un brillante nombre, los hermanos Machado, Antonio Palomero, renombrado como poeta humorístico bajo el nombre de «Gil Parado», los hermanos González Blanco, Cristóbal de Castro, Candamo, dos líricos admirables cada cual según su manera; Francisco Villaespesa y Juan R. Jiménez, «Caramanchel», Nilo Fabra, sutil poeta de sentimiento y de arte, el hoy triunfador Marquina y tantos más.

Iba algunas noches al camarín de los llamados, por antonomasia, Fernando y María, esto es, los señores Díaz de Mendoza, condes de Balazote, grandes de España y príncipes del teatro a quienes escribí sonoros alejandrinos cuando pusieron en escena el *Cyrano*, de Rostand.

L

En la librería de Fernando Fe, lugar de reunión vespertina de algunos hombres de letras, solía conversar con Eugenio Sellés, hoy marqués de Gerona, con Manuel del Palacio, poeta amable de ojos azules, que recordaba siempre con cariño sus días pasados en el Río de la Plata; con Manuel Bueno, ilustrado y combatido, célebre como crítico teatral y hoy diputado a Cortes; con Llanas de Aguilaniedo, autor de interesantes novelas y de un libro sobre ciencia penal. A don José Echegaray me presentó una noche Fernando Díaz de Mendoza. «Ustedes los americanos, me dijo, tienen instinto poético...». La frase me supo agridulce... Pero ¡vaya si lo teníamos...! Tiempos después firmaba yo con los escritores y poetas de la famosa protesta contra el homenaje nacional a Echegaray. Mi inquina era excesiva... «Juventud, divino tesoro...».

Visité de nuevo a Campoamor, a quien encontré en la más absoluta decadencia. Estaba, anotaba yo, «caduco, amargado de tiempo a su pesar, reducido a la inacción después de haber sido un hombre activo y jovial, casi imposibilitado de pies y manos, la facie penosa, el ojo sin elocuencia, la palabra poca y difícil, y cuando le dais la mano y os reconoce, se echa a llorar, y os habla escasamente de su tierra dolorida, de la vida que se va, de su impotencia, de su espera en la antesala de la muerte... os digo que es para salir de su presencia con el espíritu apretado de melancolía». En realidad, aquello era lamentable y doloroso. El poeta glorioso, el filósofo de humor y hondura, era un viejo infeliz a quien tenían que darle de comer como a los niños, un ser concluido en víspera de entrar a la tumba.

Doña Emilia Pardo Bazán continuaba dando sus escogidas reuniones. Allí solía aparecer ya ciego, pero siempre lleno de distinción, anciano impoluto y aristocrático, el autor de *Pepita Jiménez*. Allí me relacioné con el novelista y diplomático argentino Ocantos, con el doctor Tolosa Latour, con los cronistas mundanos «Montecristo» y «Kasabal», con el político Romero Robledo, con el popular Luis Taboada, y con algunas damas de la nobleza que no se ocupaban únicamente en modas, murmuraciones y asuntos cortesanos, sino que gustaban de departir con poetas y escritores: la condesa de Pino Hermoso y la marquesa de la Laguna, cuya hija Gloria tuviera celebridad más tarde por sus singulares encantos y su valentía de espíritu. Era yo también muy amigo de José Lázaro y Galdeano, director de la *España Moderna* y que tenía un verdadero museo de obras de arte, entre las cuales un pretendido Leonardo de Vinci.

Con Joaquín Dicenta fuimos compañeros de gran intimidad, apolíneos y nocturnos. Fuera de mis desvelos y expansiones de noctámbulo, presencié fiestas religiosas palatinas; fui a los toros y alcancé a ver a grandes toreros, como el Guerra. Teníamos inenarrables tenidas culinarias, de ambrosías y sobre todo de néctares, con el gran don Ramón María del Valle Inclán, Palomero, Bueno y nuestro querido amigo de Bolivia, Moisés Ascarruz. Me presentaron una tarde, como a un ser raro -«es genial y no usa corbata», me decían- a don Miguel de Unamuno, a quien no le agradaba, ya en aquel tiempo, que le llamaran el sabio profesor de la Universidad de Salamanca... Cultivaba su sostenido tema de antifrancesismo. Y era indudablemente un notable vasco original. El señor de Unamuno no conocía entonces a Sarmiento, y hablaba con cierto desdén, basado en pocas noticias, y en su particular humor, de las letras argentinas. Yo recuerdo que, a propósito de un artículo suyo, escribí otro, que concluía con el siguiente párrafo:

> «Decadentismos literarios no pueden ser plaga entre nosotros; pero con París, que tanto preocupaba al señor de Unamuno, tenemos las más frecuentes y mejores relaciones. Buena parte de nuestros diarios es escrita por franceses. Las últimas obras de Daudet y de Zola, han sido publicadas por *La Nación* al mismo tiempo que aparecían en París; la mejor clientela de Worth es la de Buenos Aires; en la escalera de nuestro Jockey Club, donde "Pini" es el profesor de esgrima, la "Diana" de Falguiére perpetúa la blanca desnudez de una parisiense. Como somos fáciles para el viaje y podemos viajar, París recibe nuestras frecuentes visitas y nos quita el dinero encantadoramente. Y así, siendo como somos un pueblo industrioso, bien puede haber quien, en minúsculo grupo, procure en el centro de tal pue-

blo adorar la belleza a través de los cristales de su capricho: ¡*Whim*! diría Emerson. Crea el señor de Unamuno que mis *Prosas Profanas*, pongo por caso, no hacen ningún daño a la literatura científica de Ramos Mexía, de Coni o a la producción regional de J. V. González; ni las maravillosas *Montañas de oro* de nuestro gran Leopoldo Lugones, perturban la interesante labor criolla de Leguizamón y otros aficionados a este ramo que ya ha entrado, en verdad, en dependencia folklórica. Que habrá luego una literatura de cimiento criollo, no lo dudo; buena muestra dan el hermoso y vigoroso libro de Roberto Payró *La Australia Argentina* y las otras obras del popularísimo e interesante "Fray Mocho"».

LI

Volví a ver al rey niño, más crecido, y supe de intimidades de palacio; por ejemplo, que su pequeña majestad llamaba a sus hermanitas, las dos infantas hoy yacentes en sus sepulcros del Escorial, a la una «Pitusa» y a la otra «Gorriona». Busqué por todas partes el comunicarme con el alma de España. Frecuenté a pintores y escultores. Asistí al entierro de Castelar, escribí sobre el periodismo español, sobre el teatro, sobre libreros y editores, sobre novelas y novelistas, sobre los académicos, entre los cuales tenía admiradores y abominadores; escribí de poetas y de políticos, recogí las últimas impresiones desilusionadas de Núñez de Arce. Traté al maestro Galdós, tan bueno y tan egregio, estudié la enseñanza, renové mis coloquios con Menéndez y Pelayo. Hablé de las flamantes inteligencias que brotaban. Relaté mi amistad con la princesa Bonaparte, madame Rattazzi. Di mis opiniones sobre la crítica, sobre la joven aristocracia, sobre las relaciones iberoamericanas, celebré a la mujer española; y sobre todo, ¡gracias sean dadas a Dios!, esparcí entre la juventud los principios de libertad intelectual y de personalismo artístico, que habían sido la base de nuestra vida nueva en el pensamiento y el arte de escribir hispano-americanos y que causaron allá espanto y enojo entre los intransigentes. La juventud vibrante me siguió, y hoy muchos de aquellos jóvenes llevan los primeros nombres de la España literaria. Imposible me sería narrar aquí todas mis peripecias y aventuras de esa época pasada en la coronada villa; ocuparían todo un volumen.

LII

La exposición de París de 1900 estaba para abrirse. Recibí orden de *La Nación* de trasladarme en seguida a la capital francesa. Partí.

En París me esperaba Gómez Carrillo y me fui a vivir con él, al número 29 de la calle Faubourg Montmartre. Carrillo era ya gran conocedor de la vida parisiense. Aunque era menor que yo, le pedí consejos. -«¿Con cuánto cuenta usted mensualmente?» -me preguntó-. «Con esto», le contesté, poniendo en una mesa un puñado de oros de mi remesa de *La Nación*. Carrillo contó y dividió aquella riqueza en dos partes; una pequeña y una grande. -«Ésta, me dijo, apartando la pequeña, es para vivir: guárdela. Y esta otra, es para que la gaste toda». Y yo seguí con placer aquellas agradables indicaciones, y esa misma noche estaba en Montmartre, en una *boite* llamada «Cyrano», con joviales colegas y trasnochadores estetas, danzarinas, o simples peripatéticas.

Poco después, Carrillo tuvo que dejar su casa, y yo me quedé con ella; y como Carrillo me llevó a mí, yo me llevé al poeta mexicano Amado Nervo, en la actualidad cumplido diplomático en España y que ha escrito lindos recuerdos sobre nuestros días parisienses, en artículos sueltos y en su precioso libro *El éxodo y las flores del camino*. A Nervo y a mí nos pasaron cosas inauditas, sobre todo cuando llegó a hacernos compañía un pintor de excepción, famoso por sus excentricidades y por su desorbitado talento: he señalado al belga Henri de Grunx. Algún día he de detallar tamaños sucedidos, pero no puedo menos que acordarme en este relato, de los sustos que me diera el fantástico artista de larga cabellera y de ojos de tocado, afeitado rostro y aire lleno de inquietudes, cuando en noches en que yo sufría tormentosas nerviosidades o invencibles insomnios, se me aparecía de pronto, al lado de mi cama, envuelto en un rojo ropón, con capuchón y todo, que había dejado olvidado en el cuarto no sé cuál de las amigas de Gómez Carrillo... Creo que la llamada Sonia.

LIII

Yo hacía mis obligatorias visitas a la Exposición. Fue para mí un deslumbramiento miliunanochesco, y me sentí más de una vez en una pieza, Simbad y Marco Polo, Aladino y Salomón, mandarín y daimio, siamés y cow-boy, gitano y mujick; y en ciertas noches, contemplaba en las cercanías de la torre Eiffel, con mis ojos despiertos, panoramas que sólo había visto en las misteriosas regiones de los sueños.

Había un *bar* en los grandes boulevares que se llamaba «Calisaya». Carrillo y su amigo Ernesto Lejeunesse me presentaron allí a un caballero un tanto robusto, afeitado, con algo de abacial, muy fino de trato y que hablaba el francés con marcado acento de ultramancha. Era el gran poeta desgraciado Óscar Wilde. Rara vez he encontrado una distinción mayor, una cultura más elegante y una urbanidad más gentil. Hacía poco que había salido de la prisión. Sus viejos amigos franceses que le habían adulado y mimado en tiempo de riqueza y de triunfo, no le hacían caso. Le quedaban apenas dos o tres fieles, de segundo orden. Él había cambiado hasta de nombre en el hotel donde vivía. Se llamaba con un nombre balzaciano, Sebastián Menmolth. En Inglaterra le habían embargado todas sus obras. Vivía de la ayuda de algunos amigos de Londres. Por razones de salud, necesitó hacer un viaje a Italia, y con todo respeto, le ofreció el dinero necesario un *barman* de nombre John, que es una de las curiosidades que yo enseño cuando voy con algún amigo a la «Bodega», que está en la calle de Rivoli, esquina a la de Castigliore. Unos cuantos meses después moría el pobre Wilde, y yo no pude ir a su entierro, porque cuando lo supe, ya estaba el desventurado bajo la tierra. Y ahora, en Inglaterra y en todas partes, recomienza su gloria...

LIV

En lo más agitado de la Exposición de París, salí en viaje a Italia, viaje que era para mí un deseado sueño. Bien sabido es, que para todo poeta y para todo artista, el viaje a Italia, el tradicional país del arte, es un complemento indispensable en su vida. El mío fue una excursión rápida turista. Aproveché la compañía de un hombre de negocios de Buenos Aires y así tuve siquiera con quien conversar, ya que no cambiar ideas. Pasé por Turín, en donde visité la Pinacoteca; tuve ocasión de ver al duque de los Abruzzos; almorzar con el *onorevole* Gianolio; trabar mi primer conocimiento con la sabrosa *fonduta* aromada de trufas blancas; conocer la Superga y admirar desde su altura los lejanos Alpes, luminosos bajo el sol. Estuve en Pisa y admiré lo que hay que admirar, el Duomo, el Camposanto, la Torre inclinada, rueca de la vieja ciudad, y el Baptisterio. Manifesté, en tal ocasión, líricas reminiscencias. Fui a la Cartuja, con carta de recomendación para el prior Don Bruno; oí cantar, en el calor de la estación y en los verdes olivos y viñas, pesadas de uvas negras, las cigarras itálicas. Aumentó mi religiosidad en el convento, y admiré la fe y el amor al silencio de aquellos solitarios.

Pasé por Livorno, ciudad marítima y comerciante, vibrante de agitaciones modernas. Fui a Ardenza, y en el santuario de Montenegro recé una avemaría a la Virgen llegada de la isla de Negroponto, virgen milagrosa, amada de los marinos, visitada por Byron y otras conocidas testas. Luego fui a Roma. Me poseyó la gran ciudad imperial y papal. Vi en una calle pasar a D'Anunzio, en su inevitable *pose*; vi a León XIII en su colosal retiro de piedra; y dediqué al papa blanco un largo himno en prosa. Esa visita la hice con un numeroso grupo de peregrinos argentinos, entre los cuales tengo presente al ilustre doctor Garro, actual ministro de Instrucción Pública, y al señor Ignacio Orzali, mi compañero de *La Nación*, que ostentaba sus condecoraciones pontificias. A su Santidad blanca me presentaron como redactor del gran diario de Buenos Aires, «el diario del general Mitre». El viejecito de color de marfil, me dijo en italiano palabras paternales, me dio a besar su mano, casi fluídica, ornada con una esmeralda enorme, y me bendijo. En mi libro *Peregrinaciones* podréis encontrar algunas de mis impresiones romanas, pero no encontraréis dos que voy a contaros.

La primera es mi conocimiento con Vargas Vila, el célebre pensador, novelista y panfletista político, que para mí no es sino, juntándolo todo, un único e inconfundible poeta, quizás contra su propia voluntad y autoconocimiento. Vargas Vila, que ha pasado muchos años de su vida en Italia, país que ama sobre todos, se encontró conmigo en Roma. Fuimos íntimos en seguida, después de una mutua presentación, y no siendo él noctámbulo, antes bien persona metódica y arreglada, pasó conmigo toda esa noche, en un cafetín de periodistas, hasta el amanecer; y desde entonces, admirándole yo de todas veras; hemos sido los mejores camaradas en Apolo y en Pan.

La segunda impresión es mi encuentro con Enrique García Velloso, que, aunque siempre lleno de talento, no era todavía el fecundo, rozagante, pimpante y pactolizante autor teatral que hoy conocen las escenas Argentinas y aun las Españolas. Yo le había conocido desde que era un adolescente, en casa de su padre. En la urbe romana tuvimos primero saudades de Buenos Aires, y después nos dimos a la alegría y gozos del vivir. Y tras animados paseos nocturnos, nos fuimos, una mañana, en unión del periodista Ettore Mosca, al lugar campestre situado en las orillas del Tíber, que se denomina *Acqua acetosa*. Allí, en una rústica *trattoria*, en donde sonreían rosadas tiberinas, nos dieron un desayuno ideal y primitivo; pollos fritos en clásico aceite, queso de égloga, higos y uvas que cantara Virgilio, vinos de oda horaciana. Y las aguas del río, y la viña frondosa que nos servía de techo, vieron naturales y consecuentes locuras.

LV

De Roma partí para Nápoles, en donde pasé amistosos momentos en compañía de Vittorio Pica, el célebre crítico de arte, autor de tantas exquisitas monografías y director de *Emporium*, la artística revista de Bergamo. Hice la indispensable visita a Pompeya y retorné a París.

Nunca quise, a pesar de las insinuaciones de Carrillo, relacionarme con los famosos literatos y poetas parisienses. De vista conocí a muchos, y aun oí a algunos, en el «Calisaya» o en el café Napolitain, decir cualquier beocio o filisteo. Al Napolitain iba casi todos los días un grupo de nombres en *vedette*, entre ellos Catulle Mendes y su mujer, el actor Silvain, Ernest Lajeuneuse, Grenet, Dancourt, Georges Courteline, algunas veces Jean Moreas y otros citaredas de menor fama. Catulle Mendes no era ya el hermoso poeta de cabellos dorados, que antaño llamara tanto la atención por sus gallardías y encantos físicos, sino un viejo barrigón, cabeza de nazareno fatigado, todavía con fuertes pretensiones a las conquistas femeninas, las cuales, en efecto, lograba en el mundo de las máscaras, pues era crítico teatral y personaje dominante entre las gentes de tablas y bambalinas. Una que otra vez se aparecía con su melena negra y sus negros bigotes, el hoy elegido príncipe de los poetas franceses, Paul Fort, y la verdad es que allí no descollaba, pues su influjo principal estaba del otro lado del río, en el país Latino.

LVI

Yo seguí habitando la misma casa de la calle Faubourg Montmartre y cuando regresaba por las madrugadas, solía entrar a cenar a un establecimiento situado en mi vecindad, y que se llamaba «Au filet de Sole». En uno de esos amaneceres llegué en compañía de un escritor cubano, Eulogio Horta. Estábamos cenando en uno de los extremos del salón del café. Había un nutrido grupo de hombres de aspectos e indumentarias que yo no sabía conocer aún, alemanes en su mayor parte, y franceses.

Casi todos ostentaban sendos alfileres y anillos de brillantes y estaban acompañados de unas cuantas hetairas de lujo. Espumeaba con profusión el *cordon rouge*, y al son de los violines de los tziganos, algunas parejas danzaban más que libremente. De pronto entró una joven, casi una niña, de notable belleza; se dirigió a uno de los hombres, rojo, rechoncho, de fosco aspecto, con tipo de carnicero, habló con él algunas palabras... La bofetada fue tan fuerte que resonó por todo el recinto y la pobre muchacha cayó cual larga era... A Eulogio Horta y a mí se nos subió, sobre los vinos, lo hispano-americano a la cabeza, y nos levantamos en defensa de la que juzgábamos una víctima; pero la cuadrilla de rufianes se alzó como uno solo, amenazante, lanzándonos los más bajos insultos... Y lo peor era que quien nos insultaba más, con la cara ensangrentada, era la moza del bofetón... No nos pasó algo serio porque el gerente del establecimiento, que me conocía desde Buenos Aires, salió a nuestra defensa, habló en alemán con ellos y todo se calmó. Luego vino a nosotros y nos advirtió que nunca se nos ocurriera salir a la defensa de tales *gourgandines*.

Otras cuantas aventuras de este género me acontecieron, pues en esa época yo hacía vida de café, con compañeros de existencia idéntica, y derrochaba mi juventud, sin economizar los medios de ponerla a prueba.

LVII

Había vendido miserablemente varios libros a dos *ghettos*, de la edición que en París han hecho miles y millones con el trabajo mental de escritores españoles e hispano-americanos, pagados harpagónicamente, y como yo me quejase en aquel entonces, por una de mis obras, se me mostraron las condiciones en que había vendido para la América española una escritora ilustre su *Vida de San Francisco de Asís*.

Don Justo Sierra, el eminente escritor y poeta, que en Méjico era llamado «el Maestro», y que acaba de fallecer en Madrid de ministro de su país, escribió el prólogo para uno de mis volúmenes *Peregrinaciones*. En París tuve la oportunidad de conocer a este hombre preclaro, que en los últimos años de la administración del presidente Porfirio Díaz, ocupó el ministerio de Instrucción Pública.

El gobierno de Nicaragua, que no se había acordado nunca de que yo existía sino cuando las fiestas colombinas, o cuando se preguntó por cable de Managua al ministro de Relaciones Exteriores argentino si era cierta la noticia que había llegado de mi muerte, me nombró cónsul en París.

Y a propósito, por dos veces se ha esparcido por América esa falsa nueva de mi ingreso en el Estigia; y no podré olvidar lo poco evangélica necrología que, la primera vez, me dedicara en *La Estrella de Panamá*, un furioso clérigo, y que decía poco más o menos: «Gracias a Dios que ya desapareció esta plaga de la literatura española... Con esta muerte no se pierde absolutamente nada...». Hasta dónde puede llevar el fanatismo y la ignorancia en todo.

LVIII

Me instruí en mis funciones consulares y tenía como canciller a un rubio y calvo mexicano, limpio de espíritu y de corazón, y a quien convencimos, en horas risueñas, algunos hispanoamericanos, de que, dado su tipo completamente igual al de los Habsburgos y la fecha de su nacimiento, debía de ser hijo del emperador Maximiliano; y el «rico tipo», con poco cariño por su papá y poco respeto por su señora mamá, llegó a aceptar, entre veras y bromas, la posibilidad de su austriaco parentesco...

Entre mis tareas consulares y mi servicio en *La Nación*, pasaba mi existencia parisiense. Era ministro nicaragüense en Francia don Crisanto Medina, antiguo diplomático de pocas luces, pero de mucho mundo y práctica en los asuntos de su incumbencia. A pesar de nuestras excelentes relaciones, había algo entre ellas que impedían una completa cordialidad. Me refiero a un antiguo drama de familia, relacionado con el asesinato de mi abuelo materno.

Don Crisanto, de quien ha hecho Luis Bonafoux, en una de sus crónicas, bien pimentada *charge*, era un hombre tan feliz y tan ecuánime a su manera, que no tenía la menor idea de la literatura... Había conocido, desde los tiempos de Thiers, a Víctor Hugo, a Dumas, a otras cuantas celebridades; pero de Víctor Hugo no me contaba sino que en un banquete, en la inauguración del Hotel de Ville, le libró de un resfriado levantándose de la mesa y yéndose a poner su gabán, cosa que don Crisanto imitó...; y de Dumas, que una vez, al salir de una reunión, el famoso autor no encontraba su coche, y don Crisanto le fue a dejar en su casa en el suyo... Al ecuatoriano Juan Montalvo le llamaba «aquel Montalvo que escribía»... Tenía gran admiración por Gómez Carrillo, no porque hubiera leído su obra de escritor, sino porque Carrillo le servía a veces de secretario, y le contestaba las notas con frases poco usuales, notas que unas veces eran para Nicaragua, otras para Guatemala, porque don Crisanto había tenido el talento de conseguir la representación, alternativamente y a veces al mismo tiempo, de casi todas las cinco repúblicas centro-americanas. Tible Machado, ministro de Guatemala en Londres y Bruselas, era su pesadilla; y en la conferencia de La Haya... la cosa acabó en un duelo. Una noche, en París, la víspera del encuentro en el terreno, me dijo mi ministro: «Mañana mato a Tible». No lo mató. Cierto es, que don Crisanto había tenido otro duelo célebre, en tiempos casi prehistóricos, con el nombrado colombiano, Torres Caisedo, que sacó su herida de la emergencia.

Contemporáneo de Medina fue el marqués de Rojas, tío de Luis Bonafoux y que había sido diplomático de Guzmán Blanco, con quien tuvo sus polémicas y desagrados. Fue aquel marqués pontificio, a quien traté en su postrimería, muy aficionado a las mujeres y a la buena vida; hombre rico, tuvo una vejez solitaria y murió entre criadas y criados en su *garconniére*. Esos dos ancianos de que he hablado, y que ha tiempo en paz descansan, eran asiduos al mentidero del Gran Hotel, en donde se reunían españoles e hispano-americanos a ejercer la parlería y la murmuración nacional y de raza.

LIX

Los ardientes veranos iba yo a pasarlos a Asturias, a Dieppe, y alguna vez a Bretaña. En Dieppe pasé alguna temporada en compañía del notable escritor argentino que ha encontrado su vía en la propaganda del hispano-americanismo frente al peligro yankee, Manuel Ugarte. En Bretaña pasé con el poeta Ricardo Rojas horas de intelectualidad y de cordialidad en una *villa* llamada «La Pagode», donde nos hospedaba un conde ocultista y endemoniado, que tenía la cara de Mefistófeles. Ricardo Rojas y yo hemos escrito sobre esos días extraordinarios, sobre nuestra visita al Manoir de Boultous, morada del maestro de las imágenes y príncipe de los tropos, de las analogías y de las armonías verbales, Saint-Pol-Roux, antes llamado el Magnífico.

Entre toda esta última parte de mi narración se mezclan largos días que pertenecen a lo estrictamente privado de mi vida personal.

Emprendí otro viaje por Bélgica, Alemania, Austria-Hungría, Italia, Inglaterra. En todo ello me ocupo en algunos de mis libros con bastantes detalles. Mas no he contado algunos incidentes, por ejemplo, uno en que escapamos en perder la vida mi compañero de viaje, el mexicano Felipe López, y yo. Fue en la ciudad de Budapest, por cierto región encantadora, si las hay. Andábamos recorriendo las calles. Ni López ni yo hablábamos alemán y nos desolábamos, en los restaurants, de no poder entender la lista del *menú*, porque los húngaros, en lo general, por odio al austriaco, no quieren emplear al alemán en nada, y así todo está en su lenguaje para nosotros lleno de escabrosidades. Yendo por una gran vía, leímos en letras doradas en un establecimiento «American Bar»; y encontrando la ocasión de emplear bien nuestro inglés, entramos. Pedimos sendos cocktails, y nos pusimos a escribir cartas. En esto se nos acercó un elegante joven, y en un francés cojo, pero melifluo, nos dijo, más o menos, tendiéndonos su tarjeta: que era hijo de un fabricante de bicicletas; que había estado en Francia, donde le habían atendido con toda gentileza y que desde entonces se había prometido ofrecer sus servicios, ser útil en todo lo que pudiera y pilotear y atender a cuanto extranjero de condición llegase a tierra húngara. Nosotros, un tanto desconfiados por aquel abordaje sin presentación, dimos las gracias con frialdad, pero el guapo mozo continuó en la carga con tan buenas maneras y con tanta insistencia que nos vimos obligados a aceptar un champagne de bienvenida. Y el joven se convirtió en nuestro cicerone.

Nos llevó al Os Buda Vara, al barrio de los magnates, casi todo construido según la manera de la Secesión; a un jardín público, donde debía celebrarse una fiesta esa tarde, y al cual debía asistir un príncipe imperial; nos hizo comer no sé qué mezcla magyar de queso fresco, cebolla picada, sal y paprika, mojada con una incomparable cerveza Pilsen, como de nieve y seda. Sin saber cómo ni cuándo se apareció un hombre con tipo de obrero, que llevaba en la diestra maciza un anillo de gran brillante. Habló en húngaro con nuestro joven, éste nos lo presentó como un rico industrial y nos dijo que, encantado de que fuésemos extranjeros, nos invitaba esa tarde a una comida compuesta exclusivamente de platos nacionales. Llevado de mi entusiasmo por las cocinas exóticas, dije que aceptábamos con gusto, y quedamos en que nuestro cicerone nos llevaría al punto de reunión. Se nos dijo que el restaurant elegido quedaba cerca.

Muy entrada la tarde nos dirigimos a la cita. Íbamos a pie, y después de andar un buen trecho entre villas y quintas, observé que habíamos salido de la población. Se lo hice notar a mi amigo, pero el húngaro nos señaló una mesa cercana, aislada, y nos dijo que era allí el lugar de la comida. Advertí a López que la cosa me parecía sospechosa, más como viésemos que la casa tenía un jardín y en él había mesitas donde comían otras gentes, nos parecieron vanas nuestras sospechas. Entramos. Desde el momento vimos que aquello era un cafetín popular. Apareció el industrial. Nos hicieron entrar a un cuarto lateral, pidieron cuatro copas de no recuerdo qué licor. Dije en español a López que no bebiéramos, pero él bebió con los dos desconocidos.

Querían que yo tomara con ellos, pero dije que no me sentía bien. A poco, el mexicano se puso pálido y me dijo que le venía un sueño irresistible y que seguramente nos habían servido un narcótico. Hice que saliéramos para que tomase un poco de aire, y así se le quitó algo la pesadez de la cabeza. El hostelero nos dijo que la comida estaba servida. En efecto, bajo una parra había una mesa para cuatro personas. La cuarta apareció y nos fue presentada como un señor conde de nombre enrevesado. Era un coloso mal trajeado y con manos de boyero. Nos sentamos a la mesa y comimos un *papricak hun*, plato especial del país y otros más de estos. Cuando concluimos se nos invitó a pasar al lado del figón, a una cancha de bochas, o juego de bolos, perteneciente a un club, del cual se nos dijo, que el conde era director. Aquello estaba solitario, daba a un largo patio, o más bien dilatada extensión de terreno. No lejos, corría el Danubio. Nos invitaron a tomar un vino tokay, que nos inspiró confianza, pues la botella vino cerrada. No era el común vino tokay que se encuentra en todas partes y que sirve para postres, sino un néctar delicioso, de caldo color dorado, y que apuramos en grandes vasos. Confieso no haber tomado nunca un vino tan exquisito. Después se nos insinuó que era preciso, pues de uso corriente y nacional, que jugásemos a un juego de cartas llamado «el reloj». Como por encanto apareció allí una baraja y después de algunas indicaciones empezó la partida.

A pocos momentos, tanto el mexicano como yo, habíamos ganado importante número de florines; pero la partida continuó, y cuando nos percatamos, tanto él como yo, habíamos perdido todo lo ganado y bastante dinero más. De común acuerdo resolvimos irnos en seguida, más cuando manifestamos nuestra intención, fue como si hubiésemos encendido un reguero de pólvora. Los hombres se sulfuraron y se pusieron ante nosotros en actitud amenazante. El joven intérprete nos explicó que se creían ofendidos. Nosotros estábamos sin armas y no había sino que emplear alguna treta oportuna. Yo le dije que había en todo una equivocación; que estábamos dispuestos a continuar el juego al día siguiente, pero que en ese momento teníamos que ir a la ciudad a recoger un dinero. El conde habló con sus compañeros y el joven nos dijo que nos invitaba al día siguiente para ir a una *pushta* o estancia húngara para que conociésemos la vida rural del país. Me apresuré a decir que con muchísimo gusto y en los ojos de los bandidos se vio una gran satisfacción. ¿A qué horas pasará el conde en su automóvil por ustedes? «Tiene que ser antes de las ocho». -«A las siete y media en punto», le contesté. Así nos dejaron partir. Cuando llegamos al hotel, el dueño del establecimiento nos dijo: -«De buenas se han librado ustedes. Esos pillos deben pertenecer a una banda que ha robado y hecho desaparecer a varios extranjeros, cuyos cuerpos apuñalados se han encontrado en las aguas del Danubio». Tomamos el tren para Viena a las cinco de la mañana.

LX

Una vez vuelto de ese largo viaje, me tomé algún tiempo de reposo en París. Inesperadamente recibí cablegrama del Ministerio de Relaciones Exteriores de Nicaragua, en que se me comunicaba mi nombramiento de Secretario de la Delegación nicaragüense a la conferencia Panamericana del Río de Janeiro. Debería reunirme en Francia con el jefe de la Delegación señor Luis F. Corea, que era Ministro en Washington. Una semana después salimos para el Brasil. Ya he narrado en un diario las circunstancias, anécdotas y peripecias de este viaje y mis impresiones brasileñas y de la conferencia, a raíz de este acontecimiento. Vine de Río de Janeiro, por motivos de salud, a Buenos Aires. Mis impresiones de entonces quizás las conozcáis en verso, en versos de los dirigidos a la señora de Lugones, en cierta mentada epístola:

> ... En fin, convaleciente, llegué a nuestra ciudad
> de Buenos Aires, no sin haber escuchado
> a mister Root, abordo del «Charleston» sagrado;
> mas mi convalecencia duró poco. ¿Qué digo?
> mi emoción, mi entusiasmo y mi recuerdo amigo,

y el banquete de *La Nación* que fue estupendo,
y mis viejas siringas con su pánico estruendo,
y ese fervor porteño, ese perpetuo arder,
y el milagro de gracia que brota en la mujer
argentina, y mis ansias de gozar en esa tierra
me pusieron de nuevo con mis nervios en guerra.
Y me volví a París. Me volví al enemigo
terrible, centro de la neurosis, ombligo
de la locura, foco de todo *surmenage*,
donde hago buenamente mi papel de *sauvage*,
encerrado en mi celda de la rue Marivany,
confiando sólo en mí y resguardando el yo.
¡Y si lo resguardara, señora, si no fuera
lo que llaman los parisienses una *pera*!
A mi rincón me llegan a buscar las intrigas,
las pequeñas miserias, las traiciones amigas,
y las ingratitudes. Mi maldita visión
sentimental del mundo me aprieta el corazón,
y así cualquier tunante me explotará a su gusto.
Soy así. Se me puede burlar con calma. Es justo.
Por eso los astutos, los listos dicen que
no conozco el valor del dinero. ¡Lo sé!
Que ando, nefelibata, por las nubes... ¡Entiendo!
Sí, lo confieso, soy inútil. No trabajo
por arrancar a otro su pitanza; no bajo
a hacer la vida sórdida de ciertos previsores.
Yo no ahorro, ni en seda, ni en champaña, ni en flores,
No combino sutiles pequeñeces, ni quiero
quitarle de la boca su pan al compañero.
Me complace en los cuellos blancos ver los diamantes.
Gusto de gentes de maneras elegantes
y de finas palabras y de nobles ideas.
Las gentes sin higiene ni urbanidad, de feas
trazas, avaros, torpes, o malignos y rudos,
mantienen, lo confieso, mis entusiasmos mudos.
No conozco el valor del oro... ¡saben esos

que tal dicen, lo amargo del jugo de mis sesos,
del sudor de mi alma, de mi sangre y mi tinta,
del pensamiento en obra y de la idea encinta!
¿He nacido yo acaso hijo de millonario?
¿He tenido yo Cirineo en mi Calvario?...

De vuelta a París fui a pasar un invierno a la Isla de Oro, la encantadora Palma de Mallorca. Visité las poblaciones interiores; conocí la casa del archiduque Luis Salvador, en alturas llenas de vegetación de paraíso, ante un mar homérico; pasé frente a la cueva en que oró Raymundo Lulio, el ermitaño y caballero que llevaba en su espíritu la suma del Universo. Encontré las huellas de dos peregrinos del amor, llamémosle así: Chopin y George Sand, y hallé documentos curiosos sobre la vida de la inspirada y cálida hembra de letras y su nocturno y tísico amante. Vi el piano que hacía llorar íntima y quejumbrosamente el más lunático y melancólico de los pianistas, y recordé las páginas de *Spiridion*.

LXI

El gobierno nicaragüense nombró a Vargas Vila y a mí -Vargas Vila era Cónsul General de Nicaragua en Madrid- miembros de la Comisión de Límites con Honduras. Que Nicaragua envió a España, siendo el rey Don Alfonso el árbitro que debía resolver definitivamente en el asunto en cuestión. El ministro Medina era el jefe de la Comisión; pero nunca nos presentó oficialmente ni contaba, ni quería contar con nosotros para nada. Vargas Vila tiene sobre esto una documentación inédita que algún día ha de publicarse. El fallo del rey de España, no contentó, como casi siempre sucede, a ninguna de las partes litigantes, y eso que Nicaragua tenía como abogado nada menos que a don Antonio Maura. La poca avenencia del ministro Medina conmigo hizo que yo me resolviese a hacer un viaje a Nicaragua.

Hacía cerca de diez y ocho años que yo no había ido a mi país natal. Como para hacerme olvidar antiguas ignorancias e indiferencias, fui recibido como ningún profeta lo ha sido en su tierra... El entusiasmo popular fue muy grande. Estuve como huésped de honor del Gobierno durante toda mi permanencia. Volví a ver, en León, en mi casa vieja, a mi tía abuela, casi centenaria; y el Presidente Zelaya, en Managua, se mostró amable y afectuoso. Zelaya mantenía en un puño aquella tierra difícil. Diez y siete años estuvo en el poder y no pudo levantar cabeza la revolución conservadora, dominada, pero siempre piafante. El Presidente era hombre de fortuna, militar y agricultor, mas no se crea que fuese la reproducción de tanto tirano y tiranudo de machete como ha producido la América española. Zelaya fue enviado por su padre desde muy joven a Europa; se educó en Inglaterra y Francia; sus principales estudios los hizo en el colegio Höche, de Versalles; peleó en las filas de Rufino Barrios, cuando este Presidente de Guatemala intentó realizar la unión de Centro América por la fuerza, tentativa que le costó la vida.

Durante su presidencia, Zelaya hizo progresar el país, no hay duda alguna. Se rodeó de hombres inteligentes, pero que, como sucede en muchas partes de nuestro continente, hacían demasiada política y muy poca administración; los principales eran hombres hábiles que procuraban influir para los intereses de su círculo en el ánimo del gobernante. Esos hombres se enriquecieron, o aumentaron sus caudales, en el tiempo de su actuación política. Otros adláteres hicieron lo mismo; la situación económica en el país se agravó, y las malquerencias y desprestigios de los que rodeaban al jefe del Estado, recayeron también contra él. Esto lo observé a mi paso. El descontento había llegado a tal punto en Occidente, cuando se creyó, con motivo del matrimonio de una de las señoritas Zelaya, que el Presidente entraba en connivencias con los conservadores de Granada, que había preparado en León para una próxima visita presidencial una conjuración contra la vida del general Zelaya.

Amigos míos, entre ellos, principalmente, el doctor Luis Debayle y don Francisco Castro, ministro de Hacienda, y el mismo ministro de Relaciones Exteriores señor Gámez, pidieron al presidente la legación de España para mí. La unánime aprobación popular, el pedido de sus amigos, y su innegable buena voluntad, hicieron que el general Zelaya me nombrase ministro en Madrid; pero no sin que tuviese que luchar con intrigas palaciegas y pequeñeces no palaciegas, que hacían su sordo trabajo en contra, y esto a pesar de que la legación tenía un pobre y casi desdoroso presupuesto, que fue todavía mermado a la salida del señor Castro del Ministerio de Hacienda.

LXII

Partí, pues, de Nicaragua con la creencia de que no había de volver nunca más; pero había visto florecer antiguos rosales, y contemplado largamente, en las noches del trópico, las constelaciones de mi infancia. La familia Darío estaba ya casi concluida. Una juventud ansiosa y llena de talento se desalentaba, por lo desfavorable del medio. Y se sentía soplar un viento de peligro que venía del lado del Norte.

Cuando llegué a París, la contrariedad del ministro Medina al saber que iba yo a sustituírle en su puesto diplomático de España -pues él era representante de Nicaragua en cuatro o cinco países de Europa- se exteriorizó con tal despecho, que me juró aquel proyecto caballero, no volver a poner los pies en España. Me dirigí a Madrid con objeto de presentar mis credenciales. Me hospedó en el Hotel de París, y procuré que aquella Legación, con información de pobreza, tuviese una exterioridad, ya que no lujosa, decorosa. La prensa me había saludado con toda la cordialidad que inspiraba un reconocido amigo y queredor de España.

Recibí la visita del primer Introductor de Embajadores, Conde de Pie de Concha, noble gentilísimo, y me anunció que el Rey me recibiría en seguida, pues tenía que partir no recuerdo para que punto. A los tres días debía verificarse la ceremonia de la entrega de mis credenciales; y todavía un día antes, andaba yo en apuros, porque no había recibido de París mi flamante y dorado uniforme. Felizmente me sacó del paso mi buen amigo el doctor Manrique, ministro de Colombia; él hizo que me probara el suyo y me quedó a las mil maravillas; y he allí cómo el antiguo Cónsul general de Colombia en Buenos Aires, fue recibido por el rey de España, como ministro de Nicaragua, con uniforme colombiano.

Su majestad el Rey estuvo conmigo de una especial amabilidad, aunque en este caso todos los diplomáticos dicen lo mismo. Me habló de mi obra literaria. Conversó de asuntos nicaragüenses y centroamericanos, demostrando bien informado conocimiento del asunto, y dejó en mi ánimo la mejor impresión. Cada vez que hablé con él, en el curso de mi misión, me convencí de que no es solamente el rey *sportman* de los periódicos e ilustraciones, sino un joven bien pertrechado de los más diversos conocimientos, y hecho a toda suerte de disciplinas. Una vez concluida mi conversación con el monarca, pasé a presentar mis respetos a las reinas. La reina Victoria apareció ante mi vista como una figura de arte. Por su rosada belleza, la pompa rica de su elegancia ornamental, y hasta por la manera como estaba dada la luz en el estrecho recinto donde me recibió de pie y me tendió la mano para el beso usual. ¡Cuán hermosa y rubia reina de cuentos de hadas! Hablé con ella en francés; todavía no se expresaba con facilidad en español. Y tras cumplimientos y preguntas y respuestas casi protocolares, fui a saludar a la reina madre doña María Cristina, delgada y recta, con la particular distinción y aire imperial que reveló siempre la archiduquesa austriaca que había en la soberana española. Se mostró conmigo afable y de excelente memoria. Así, después del acostumbrado diálogo diplomático, me dijo que recordaba la ocasión en que, en una de las ceremonias de las fiestas colombianas, le había sido presentada por su primer ministro, don Antonio Cánovas del Castillo.

Después hice mi visita a las infantas: doña Isabel, acompañada de su inseparable marquesa de Nájera, hoy fallecida. El excelente carácter de doña Isabel, su cultura y su llaneza, bien conocidos de los argentinos, no ocultan el genio artístico que hay en ella; y cuyo amor al arte supe en esa oportunidad y en otras posteriores, por su conversación y por su museo. La infanta doña Luisa, una linda Orleáns, casada con el viudo don

Carlos, delicada y fina aunque *sportwoman* airosa y vigorosa que va de cuando en cuando a bañar su beldad de sol a Sevilla. Y la desventurada infanta María Teresa, desventurada como su pobre hermana, y tan desventurada como sencilla y bondadosa, cuya muerte acaba de llorar toda España. Me recibió en compañía de su marido el príncipe don Fernando de Baviera, hijo de su tía la Infanta doña Paz. Doña María Teresa, ingenuamente sufrió conmigo una equivocación, lamentable para mí, «¡hélas!», pues, acostumbrada a representantes hispano-americanos como los Wilde, los Iturbe, los Candamo, los Beiztegui, me confundió con esos millonarios, y me habló de mi automóvil... ¡Pobrecita Infanta María Teresa! A la Infanta doña Eulalia no la pude saludar, pues ya se sabe que es una parisiense y que reside en París.

LXIII

En el cuerpo diplomático, no sabiendo jugar al *bridge* y con el sueldo que tiene un secretario de legación de cualquier país presentable, y con lo de la literatura y los versos, hacía yo, entre los de la carrera, un papel suficientemente medianejo... Entre los embajadores, disfruté la grata cortesía del fastuoso britano Sir Maurice Bunsen, y la acogida siempre simpática y afectuosa del Nuncio, monseñor Vico, hoy cardenal. Mi único amigo verdadero era el embajador de Francia, porque era también amigo de las musas, íntimo de Mistral, y autor de páginas muy agradables, lo cual, señores positivos, no obsta para que actualmente sea director de la Banque Otomane en Constantinopla.

A todo esto, el gobierno de Nicaragua, preocupado con sus políticas, se acordaba tanto de su legación en España como un calamar de una máquina de escribir... Y ahí mis apuros... No, no he de callar esto... Después de haber agotado escasas remesas de mis escasos sueldos, que según me ha dicho el general Zelaya, tuvo que poner de su propio peculio, y cuando ya se me debía el pago de muchos meses, *La Nación*, de Buenos Aires, o, mejor dicho, mis pobres sesos, tuvieron que sostener, mala, pésimamente, pero en fin, sostener, la legación de mi patria nativa, la República de Nicaragua, ante su Majestad el rey de España... En fin, para no tener que hacer las de cierto ministro, a quien los acreedores sitiaban en su casa de la Villa y Corte, trasladé mi residencia a París, en donde ni tenía que aparentar, ni gastar nada, diplomáticamente.

LXIV

La traición de Estrada inició la caída de Zelaya. Este quiso evitar la intervención yankee y entregó el poder al doctor Madriz, quien pudo deshacer la revolución, en un momento dado, a no haber tomado parte los Estados Unidos, que desembarcaron tropas de sus barcos de guerra para ayudar a los revolucionarios.

Madriz me nombró Enviado Extraordinario y Ministro Plenipotenciario, en misión especial, en México, con motivo de las fiestas del Centenario. No había tiempo que perder, y partí inmediatamente. En el mismo vapor que yo iban miembros de la familia del presidente de la República, general Porfirio Díaz, un íntimo amigo suyo, diputado, don Antonio Pliego, el ministro de Bélgica en México y el conde de Chambrun, de la legación de Francia en Washington. En la Habana se embarcó también la delegación de Cuba, que iba a las fiestas mexicanas.

Aunque en La Coruña, por un periódico de la ciudad, supe yo que la revolución había triunfado en Nicaragua, y que el presidente Madriz se había salvado por milagro, no diera mucho crédito a la noticia. En la Habana la encontré confirmada. Envié un cablegrama pidiendo instrucciones al nuevo gobierno y no obtuve contestación alguna. A mi paso por la capital de Cuba, el Ministro de Relaciones Exteriores, señor Sanguily, me atendió y obsequió muy amablemente. Durante el viaje a Veracruz conversé con los diplomáticos que iban a bordo, y fue opinión de ellos que mi misión ante el gobierno mexicano era simplemente de cortesía internacional, y mi nombre, que algo es para la tierra en que me tocó nacer, estaba fuera de las pasiones políticas que agitaban en ese momento a Nicaragua.

No conocían el ambiente del país y la especial incultura de los hombres que acababan de apoderarse del gobierno.

Resumiré. Al llegar a Veracruz, el introductor de diplomáticos, señor Nervo, me comunicaba que sería recibido oficialmente, a causa de los recientes acontecimientos, pero que el gobierno mexicano me declaraba huésped de honor de la nación. Al mismo tiempo se me dijo que no fuese a la capital, y que esperase la llegada de un enviado del ministerio de Instrucción Pública. Entretanto, una gran muchedumbre de veracruzanos, en la bahía, en barcos empavesados y por las calles de la población, daban vivas a Rubén Darío y a Nicaragua, y mueras a los Estados Unidos. El enviado del Ministerio de Instrucción Pública llegó, con una carta del ministro, mi buen amigo, don Justo Sierra, en que en nombre del presidente de la República y de mis amigos del gabinete, me rogaban que pospusiese mi viaje a la capital. Y me ocurría algo bizantino. El gobernador civil, me decía que podía permanecer en territorio mexicano unos cuantos días, esperando que partiese la delegación de los Estados Unidos para su país, y que entonces yo podría ir a la capital; y el gobernador militar, a quien yo tenía mis razones para creer más, me daba a entender que aprobaba la idea más de retornar en el mismo vapor para la Habana... Hice esto último. Pero antes, visité la ciudad de Jalapa, que generosamente me recibió en triunfo. Y el pueblo de Teccelo, donde las niñas criollas e indígenas regaban flores y decían ingenuas y compensadoras salutaciones. Hubo vítores y músicas. La municipalidad dio mi nombre a la mejor calle. Yo guardo, en lo preferido de mis recuerdos afectuosos, el nombre de ese pueblo querido. Cuando partía en el tren, una indita me ofreció un ramo de lirios, y un puro azteca: «Señor, yo no tengo que ofrecerle más que esto»; y me dio una gran piña perfumada y dorada. En Veracruz se celebró en mi honor una velada, en donde hablaron fogosos oradores y se cantaron himnos. Y mientras esto sucedía, en la capital, al saber que no se me dejaba llegar a la gran ciudad, los estudiantes en masa, e hirviente suma de pueblo, recorrían las calles en manifestación imponente contra los Estados Unidos. Por la primera vez, después de treinta y tres años de dominio absoluto, se apedreó la casa del viejo cesáreo que había imperado. Y allí se vio, se puede decir, el primer relámpago de una revolución que trajera el destronamiento.

Me volví a la Habana acompañado de mi secretario, señor Torres Perona, inteligente joven filipino, y del enviado que el Ministro de Instrucción Pública habíale nombrado para que me acompañase. Las manifestaciones simpáticas de la ida no se repitieron a la vuelta. No tuve ni una sola tarjeta de mis amigos oficiales... Se concluyeron, en aquella ciudad carísima, los pocos fondos que me quedaban y los que llevaba el enviado del ministro Sierra. Y después de saber, prácticamente, por propia experiencia, lo que es un ciclón político, y lo que es un ciclón de huracanes y de lluvia en la isla de Cuba, pude, después de dos meses de ardua permanencia, pagar crecidos gastos y volverme a París, gracias al apoyo pecuniario del diputado mexicano Pliego, del ingeniero Enrique Fernández y, sobre todo, a mis cordiales amigos Fontoura Xavier, ministro del Brasil, y general Bernardo Reyes, que me envió por cable, de París, un giro suficiente.

LXV

El nuevo gobierno nicaragüense, que suprimió por decreto mi misión en México, no me envió nunca, por más que cablegrafié, mis recredenciales para retirarme de la legación de España; de modo que, si a estas horas no las ha mandado directamente al gobierno español, yo continúo siendo el representante de Nicaragua ante su majestad católica.

Y aquí pongo término a estas comprimidas memorias que, como dejo escrito, he de ampliar más tarde. En mi propicia ciudad de París, sin dejar mi ensueño innato, he entrado por la senda de la vida práctica... Llamado por el artista Leo Lerelo para la fundación de la revista *Mundial*, entré luego en arreglos con los distinguidos negociantes señores Guido, y he consagrado mi nombre y parte de mi trabajo, a esa empresa, confiando en la buena fe de esos activos hombres de capital.

En lo íntimo de mi casa parisiense, me sonríe infantilmente un rapaz que se me parece, y a quien yo llamo «Güicho»...
Y en esta parte de mi existencia, que Dios alargue cuanto le sea posible, telón.

Buenos Aires, 11 de septiembre - 5 de octubre de 1912.

Posdata, en España

Libre de las garras de hechizo de París, emprendí camino hacia la isla dorada y cordial de Mallorca. La gracia virgiliana del ámbito mallorquín devolvíame paz y santidad. Por cariñosa solicitud de mi excelente don Juan Sureda, por su cariñoso vigilante, mi alma y mi carne ganaban de día en día la conveniente fortaleza. Me hospedé, pues, en su casa, que es aquel Castillo del Rey asmático, en la pintoresca y fresca Valldemosa. Sobre este Castillo y su vecina Cartuja, como sobre todo aquel *oro de Mallorca*, escribí una novela en los días de mi permanencia en esa tierra de Lulio. Los atraídos por mi vagar y pensar tendrán, en esas páginas de mi *Oro de Mallorca* fiel relato de mi vida y de mis entusiasmos en esa inolvidable joya mediterránea. Ese *gentil homme* y profundo Lulista que es Juan Sureda, tiene en mi corazón un voto constante por su felicidad. ¿Y qué diré de mi agradecida admiración por la espiritual pintora que comparte la vida con mi recordado Sureda? Su esposa es mujer suprema y comprensora feliz del Arte. Vive trasladando a las telas los secretos de belleza de aquellos parajes. Pinta admirablemente y le ha arrancado a los olivos su ademán de muertos deseos de clamar al cielo sus misterios y enigmas. Ha pintado olivos magistralmente. Ella, que es todo bondad creadora, me hizo mucho bien con su palabra creyente.

De Valldemosa partí un día en el *Rey Jaime I*, que me trajo a la amable ciudad condal. Aquí debía residir, fijar la planta por muchos años, Dios mediante, y, en verdad confieso que me es grata en extremo la estancia en esta tierra, «archivo de cortesía», como reza la frase del glorioso manco de Lepanto.

Dejé a París, sin un dolor, sin una lágrima. Mis veinte años de París, que yo creía que eran unas manos de hierro que me sujetaban al solar luteciano, dejaron libres mi corazón. Creí llorar y no lloré.

> Juventud, divino tesoro
> ya te vas para no volver,
> cuando quiero llorar, no lloro
> y a veces lloro sin querer.

Y ya en Barcelona, en la calle Tiziano, número 16, en una torre que tiene jardín y huerto donde ver flores que alegran la vida y donde las gallinas y los cultivos me invitan a una vida de manso *payés*, he buscado un refugio grato a mi espíritu. Bajo el ala de serenidad de la brisa nocturna evoco mis días de Mallorca, sobre todo el de una tarde en que el poeta Osvaldo Bazil se empeñó envestirme de cartujo. A los Sureda les supo bien la gracia y yo, en verdad, me sentía completamente cartujo, bajo el hábito que llevaba. Llegué a pensar que acaso era lo mejor y en donde hallaría la felicidad. Y llegué a soñar, a sentir, en mí, la mano que consagra y acerca hacia la paz de la vieja Cartuja. Y vi el púlpito de San Pedro, en Roma, donde yo diría un rosario de plegarias que sería mi mejor obra y que abrirían las divinas puertas confiadas a San Pedro. Quimeras, polvo de oro de las alas de las rotas quimeras, ¿por qué no fui lo que yo quería ser, por qué no soy lo que mi alma llena de fe, pide, en supremos y ocultos éxtasis al buen Dios que me acompaña? En fin, acatemos la voluntad suprema. De todo esto hablo en mi novela *Oro de Mallorca* y de otras cosas caras a mi espíritu que impresionaron mis fibras de hombre y de poeta.

En Barcelona he tenido días gratos y días malos. Aquí he admirado a Miguel de los Santos Oliver, y al poderoso «Xenius». He vuelto a abrazar a mi querido Santiago Rusiñol y al gran Peyus, como familiarmente es llamado Pompeyo Gener. Con todos he evocado y vivido horas de arte de ayer y de hoy. Una de mis primeras visitas fue para el amigo de don Marcelino Menéndez y Pelayo y maestro carísimo. He nombrado a Rubió y Lluch. Y he dado la mano agradecida al abundante y digno amigo Rahola. Entre estos amigos que son, junto con aquel glorioso muerto, con aquel poeta de la vaca ciega que se llamó Juan Maragall, con esos amigos y recuerdos de amigos catalanes, formo mi torre de mental esparcimiento. Gracias doy a la excelencia catalana por la paz que me ofrece la tierra del inmortal Mosen Cinto.

¿Y por qué no decir de mi visita a los grandes talleres tipográficos del excelente amigo don Manuel Maucci, si ella fue para mí grata y despertadora de recuerdos de otras épocas mías? Mis doradas bohemias tenían un eco bajo las paredes de la colosal empresa que ha levantado la voluntad triunfadora de un hombre, de Italia, de ese amigo Maucci que ha sabido modernizar los hierros y la acción de su casa hasta darle un empuje que asombra y una importancia que yo aplaudo de veras. Mientras estuve allí, pensé en mis *Raros* y en una traducción de una novela que firmé en gracias a la adorada bohemia y de la cual no me quiero acordar. Pero todo esto tiene un gran encanto y bajo los recuerdos, me sonrío y acaso suspiro. Maucci sigue en su amable charla introduciéndome por amplios corredores, explicándome la aplicación de máquinas modernas y la distribución de labores. Y en cada departamento hay *millones* de libros. Cuando oigo la palabra millones abro los ojos y miro asombrado a un lado y a otro. Estoy encantado de la visita, pero ya es hora de partir. El automóvil de Maucci me conduce a mi torre. Y aquí quedo pensando en la obra que realiza esa voluntad de hierro y una consagración de héroe. Pero me distrae de mi pensar en prácticas acciones un vuelo de ave que pasa y me quedo abstraído en la contemplación de una estrella que aparece en el vasto cielo azul.

FIN

www.ingramcontent.com/pod-product-compliance
Lightning Source LLC
Chambersburg PA
CBHW060200050426
42446CB00013B/2921